BRIGITTE AULENBACHER, MARKUS MARTERBAUER
ANDREAS NOVY, ARMIN THURNHER (HG.)

KARL POLANYI

Wiederentdeckung eines Jahrhundertdenkers

FALTER VERLAG

ISBN 978-3-85439-627-7

1011 Wien, Marc-Aurel-Straße 9
T: +43/1/536 60-0, F: +43/1/536 60-935
E: bv@falter.at, service@falter.at
W: faltershop.at

Herausgeber: Brigitte Aulenbacher, Markus Marterbauer, Andreas Novy, Armin Thurnher
Korrektur: Helmut Gutbrunner
Illustrationen: P.M. Hoffmann
Grafik und Layout: Marion Großschädl
Produktion: Susanne Schwameis
Gedruckt in der EU

FSC www.fsc.org MIX Papier aus verantwortungsvollen Quellen FSC® C014138

INHALT

IV. Warum Polanyi jetzt?

Anhang

VORWORT

ARMIN THURNHER

Wir leben in einer großen Transformation. Niemand wird das bestreiten. Globalisierung, Digitalisierung, Neoliberalisierung, Klimawandel – wer kann die Schlagwörter noch hören? Eine dramatische Auswirkung des Umbruchs, in dem wir uns befinden, zeigt sich in der Ratlosigkeit traditioneller linker Politik. In einer Zeit, die ihr mehr Angriffsflächen böte als jede andere, weiß sie nicht mehr, auf wen sie sich beziehen kann und soll. So kommt mit großer Verzögerung auch bei uns das Werk Karl Polanyis ins Blickfeld.

Am 8. Mai 2018 wurde in Wien die International Karl Polanyi Society gegründet. Im Rahmen der Gründungstagung in der Wiener Arbeiterkammer wurden zahlreiche substanzielle Referate zum Thema gehalten, von denen einige in einer Beilage zur Wiener Wochenzeitung *Falter* mit dem Titel „Transformation des Kapitalismus? Karl Polanyi, Wiederentdeckung eines Ökonomen" dokumentiert wurden. Die Tagung fand nicht von ungefähr an diesem Ort statt, denn für Polanyi stellten die Leistungen des Roten Wien einen Höhepunkt westlicher Zivilisation dar.

Die Beilage bildet die Grundlage des vorliegenden Buchs. Präsident und Vizepräsidentin der International Karl Polanyi Society, Andreas Novy und Brigitte Aulenbacher, haben sie mit Markus Marterbauer, Michael Mesch und Reinhold Russinger von der AK Wien und dem Autor konzipiert. Vor allem haben sie wesentliche Beiträge dazu geleistet und mit ihren Beziehungen ermöglicht, dass die Blüte der Polanyi-Forschung in diesem Heft schreibt. Und dass die Ökonomin Kari Polanyi-Levitt, Tochter Karl Polanyis und Nachlassverwalterin seines Werks, nun auch Ehrenpräsidentin der International Karl Polanyi Society, in diesem Buch mit einem großen biografischen Interview über ihren Vater vertreten ist.

Neu ist die Einleitung in das Werk Polanyis. Einige Beiträge wurden überarbeitet, andere wesentlich erweitert, wie jener von Michael Mesch über die biografischen Milieus von Karl Polanyi. Das Buch soll auch hierzulande einen Neubeginn der Auseinandersetzung mit einem Denker ermöglichen, der im angelsächsischen Raum als Jahrhundertfigur gilt.

Karl Polanyi bietet keine Politikanweisung. Er bietet nur Analysen. In Debatten der angelsächsischen Linken spielt er eine prominente Rolle. In politisch dürftigen Zeiten, wo sogenannte Politikberater den Ton angeben und Social-Media-Teams die Öffentlichkeit prägen, gibt das Werk Karl Polanyis Denkanstöße der substanziellen Art. In diesem Sinne will das Buch zum Weiterdenken und Weiterdebattieren anregen.

I

Die Renaissance

Was macht Karl Polanyi so aktuell, dass man ihn sogar „die Persönlichkeit unseres Jahrhunderts“ nannte? Dass die Zeit, die er analysierte, der Aufstieg der schrankenlosen Marktgesellschaft, frappierende Ähnlichkeiten mit unserer Zeit aufweist. Was ist das überhaupt, eine Marktgesellschaft? Und zeigt sich eine Gegenbewegung nach von Polanyi analysierten Mustern nicht gerade bei denen, die man „völkische Populisten“ nennen kann? Und wie sieht es aus, betrachtet man die Printmedien mit der Renaissance Polanyis im angelsächsischen Raum?

DIE GRENZEN EINER MARKTGESELLSCHAFT

Oder: warum „Polanyi die Persönlichkeit unseres Jahrhunderts sein sollte“

BRIGITTE AULENBACHER, VERONIKA HEIMERL,
ANDREAS NOVY

In seiner Würdigung der Arbeiten Karl Polanyis sagt der international renommierte französische Ökonom Robert Boyer, „dass Polanyi die Persönlichkeit unseres Jahrhunderts sein sollte“. Was macht seine Kultur-, Sozial- und Wirtschaftsgeschichte des Kapitalismus heute so brisant? Polanyi untersuchte in seinem 1944 erschienenen Hauptwerk „The Great Transformation“ den Wirtschaftsliberalismus des 19. Jahrhunderts, den Börsenkrach von 1929 und die Große Depression sowie das kommunistische, faschistische und demokratische Ringen um die Neuordnung der Gesellschaft. Warum wurden diese Reflexionen seit den 1980er-Jahren, vor allem aber nach 1989 unter den Vorzeichen einer neuen Phase der Globalisierung wiederentdeckt und warum lässt sich heute geradezu von einer Polanyi-Renaissance sprechen? Vier Gründe lassen sich anführen, die die Einzigartigkeit von Polanyis Kapitalismuskritik hervorheben.

Die zerstörerische Macht des Marktes

Karl Polanyi war nicht nur ein Vordenker der Kapitalismuskritik, sondern auch ein unkonventioneller Querdenker. Als Journalist,

Volksbildner, Wissenschaftler schrieb er teils essayistisch, was seine Schriften ebenso verständlich wie eindringlich macht. Informiert durch die Rechts-, Wirtschafts-, Sozialwissenschaften, Philosophie und Anthropologie ist sein Gesamtwerk weit gespannt und auch sein Hauptwerk bewegt sich quer zu disziplinären Spezialisierungen und über sie hinweg. So gelingt es ihm, das Verhältnis von Wirtschaft und Gesellschaft neu zu definieren.

Historisch weit ausholend zeigt er, wie in vorindustriellen Gesellschaften wirtschaftliches Handeln Teil des sozialen und kulturellen Lebens war. In der Regel wurden ökonomische Interessen (wie Gewinnstreben und Preissetzungen) sozialen und politischen Motiven (wie Status und Stabilisierung der bestehenden Gesellschaftsordnung) untergeordnet. Der Tausch auf Märkten war einzig eine von vielen wirtschaftlichen Institutionen. Umverteilung (Redistribution) durch eine Zentralmacht lebt heute in der Sozialversicherung und im Steuerstaat fort; doch schon in bäuerlichen Gemeinschaften kam beispielsweise der zentralen Lagerhaltung eine wichtige wirtschaftliche Bedeutung zu. Gegenseitigkeit (Reziprozität) gehört zum Zusammenleben in der Familie, in der Hauswirtschaft und lebt in Nachbarschaften fort. Gegenseitigkeit prägt aber auch bis heute den Zusammenhalt von Burschenschaften oder die Vettern- und Parteibuchwirtschaft.

Mit der Herausbildung des Industriekapitalismus änderte sich Karl Polanyi zufolge die untergeordnete Stellung der Ökonomie. Erstmals in der Geschichte (wirtschafts-)liberalen Denkens wird die Idee des „selbst-regulierenden Marktes“ für die Ausgestaltung des Verhältnisses von Wirtschaft und Gesellschaft leitend. Die Verhältnisse verkehren sich: Die Prinzipien und Mechanismen des Marktes beginnen die Wirtschaft und letztlich die Gesellschaft zu beherrschen. Dies „(...) bedeutet nicht weniger als die Behandlung der Gesellschaft als Anhängsel des Marktes. Die Wirtschaft ist nicht mehr in die sozialen Beziehungen eingebettet, sondern die sozialen Beziehungen sind in das Wirtschaftssystem eingebettet“ (Polanyi 2015, S. 88). Es geht Polanyi nicht um Marktkritik per se. Auch Polanyi würdigt die Errungenschaften, die sich aus technischem Fortschritt und aus dem liberalen Wertekanon ergeben, der das Recht auf Nonkonformismus und Rechtsstaatlichkeit festschreibt. Wohl aber kritisiert er scharf eine Entwicklung, in der Märkte zu Taktgebern des gesellschaftlichen Lebens werden.

Im Finanzmarktkapitalismus, wie er sich nach 1989 herausgebildet hat und auch durch die Krise 2008/09 nicht zu Fall gebracht worden ist, ist diese Marktmacht in bis dato unbekanntem Ausmaß zur Geltung gelangt und dringt in alle Bereiche des menschlichen Zusammenlebens vor. Alles wird käuflich, alles kann zur Ware werden: Finanzialisierung und ihre Folgen im Gesundheitswesen, im Immobiliensektor und in vielen weiteren Bereichen prägen den gesellschaftlichen Alltag. Kommodifizierung – etwas zu einer Ware machen – erstreckt sich auf alle wirtschaftsrelevanten „Elemente", auch solche, die dazu nicht vorgesehen sind: Land als Metapher für Natur, Arbeit als Inbegriff menschlicher Tätigkeit, Geld als Mittel des Tausches – sie sind bloß „fiktive Waren" (Polanyi 2015, S. 102). Werden sie den Dynamiken der „Marktwirtschaft" in einer „Marktgesellschaft" untergeordnet und unterworfen, gefährden sie damit die Gesellschaft in ihrer Substanz. Wenn Arbeit als eine Ware wie alle anderen gilt, dann werden Kollektivverträge obsolet und Prekarisierung wird unvermeidbar. Wenn kurzfristige Geschäftsinteressen wichtiger sind als Klimaschutz, gefährdet dies die ökologischen Grundlagen unserer Zivilisation. Es sind aber nicht nur die auf Anhieb als zerstörerisch erkennbaren Entwicklungen, die an die Substanz der Gesellschaft gehen, sondern auch die subtileren Mechanismen, mit denen Menschen gezwungen werden, sich in der „Marktgesellschaft" einzurichten. Diese suggerieren nämlich ein neues Ausmaß an individueller Freiheit für diejenigen, die erfolgreich mitspielen: als Unternehmer und Unternehmerinnen ihrer selbst, als Ich-AGs, Best-Ager etc. Schließlich sind weitere Elemente zu nennen, auf die Polanyis Konzept der „fiktiven Waren" angewandt werden kann: So wird das Wissen etwa zur Ware, wenn Universitäten zusehends wie Unternehmen geleitet und an der Marktgängigkeit ihrer Forschungs- und Lehrergebnisse bemessen werden oder wenn indigenes Wissen patentiert zur Ressource industrieller Medikamentenproduktion wird.

Die Neuordnung der Gesellschaft

Geschichte wiederholt sich nicht. So sind die gegenwärtigen gesellschaftlichen Auseinandersetzungen um Ordnung und Neuordnung nicht mit den Umwälzungen gleichzusetzen, die die Folge von Wirtschaftskrise, Faschismus und Krieg waren und deren Zeitzeuge

Polanyi war. Mit der Finanzkrise 2008/09 und der nachfolgenden Übernahme der Verluste von privaten Unternehmen durch öffentliche Haushalte hat sich die Krise jedoch zugespitzt. Nachdem sich mit Bewegungen wie Occupy Wall Street und vielen weiteren Protestbewegungen weltweit zunächst progressive Kräfte formierten, beobachten wir seit geraumer Zeit ein Erstarken rechtspopulistischer Parteien, die Herausbildung illiberaler Demokratien und die Verhärtung autoritärer Regime. Erneut – wie zu Polanyis Zeiten – folgt auf das Versagen der Ideologie freier Märkte eine Neuordnung der Gesellschaft. Die Ausrichtung dieser Neuordnung ist jedoch umkämpft. Ihr Spektrum reicht von Ideen einer den Kapitalismus überwindenden sozialökologischen Transformation und einer solidarischen Gesellschaft ohne Wachstumszwang bis hin zu sehr realen Entwicklungen eines autoritären Kapitalismus in wirtschaftlich dynamischen Schwellenländern, aber auch innerhalb der Europäischen Union. Reaktionäre Ordnungsvorstellungen und der Rückgriff auf traditionelle Geschlechterverhältnisse und nationale Identitäten können hierbei sowohl mit neoliberalen als auch globalisierungskritischen Ansätzen einhergehen.

Karl Polanyi hat solche Entwicklungen mit dem Konzept der „Doppelbewegung" (Polanyi 2015, S. 102, 185, 207 f.) zu erfassen versucht. Für ihn ist die Gesellschaftsgeschichte ab dem 19. Jahrhundert das Ergebnis einer „Doppelbewegung", einer „Bewegung", mit der sich die Idee des „selbst-regulierenden Marktes" durchsetzte, und einer „Gegenbewegung", in der sich gesellschaftliche Gruppierungen sowie staatliche Institutionen auf unterschiedliche Weise vor den negativen Dynamiken der Marktwirtschaft zu schützen suchen. Angst vor der Kommodifizierung von Land, Arbeit, Geld und Wissen wird zu einer diffusen Sorge um die Zukunft. Dies kann für neue progressive Allianzen genutzt werden, wie Bernie Sanders in den USA und Ada Colau in Barcelona zeigen. Aber auch nationalistische Politiken verstärkter Grenzkontrollen können durchaus als Reaktion auf die Konkurrenz auf globalen Arbeitsmärkten gelesen werden. Karl Polanyis integrierte Analyse eröffnet inspirierende Anhaltspunkte, um über die aktuellen Auswirkungen von wirtschaftlichen Umwälzungen auf politische und gesellschaftliche Entwicklungen nachzudenken.

Die Visionen einer gerechten und freien Gesellschaft

Wenngleich für wachsende Teile der Gesellschaft der Kapitalismus ökologisch, sozial und ökonomisch kein zukunftsfähiges System ist, so ist damit noch nichts über die Alternativen zu ihm gesagt. Karl Polanyis Nachdenken über eine gerechte und freie Gesellschaft setzt bei der Vorstellung an, dass – wie er es seinerzeit vermutete – die Menschheit nach den Erfahrungen von Diktatur und Krieg nie wieder den Weg einer radikalen Wirtschaftsliberalisierung gehen würde. Unter dieser Voraussetzung sieht er in der Industriegesellschaft eine Grundlage, auf der sich eine gerechte und freie Gesellschaftsordnung herausbilden kann. Was den ersten Punkt angeht, wurden wir inzwischen eines Schlechteren belehrt: Der Finanzmarktkapitalismus hat die Wirtschaftsliberalisierung erneut auf die Spitze getrieben. Was den zweiten Punkt angeht, so ist die Industrialisierung des Lebens in sozialer und ökologischer Perspektive zu einem eigenen Problem geworden, dessen Ursachen nicht allein in der „Marktwirtschaft" zu suchen und zu sehen sind. Dies hat Zivilisationskritik anderer Art hervorgerufen, bei der es um die destruktiven und befreienden Potenziale technologischer Entwicklungen geht: Die Sharing Economy kann eine Kultur der Commons, des gemeinsamen Nutzens, begründen oder digitale Plattformen als neue globale Monopole schaffen. Wissen kann mit Wikipedia für alle zugänglich sein oder durch Vereinheitlichung die Entstehung globaler Bildungskonzerne ermöglichen, die Wissen enteignen und konzentrieren. Roboter können Arbeitserleichterung schaffen, aber auch die totale Überwachung wird technisch möglich.

Gerade deshalb ist Polanyis pluralistisch-sozialistische Vision von „Freiheit in einer komplexen Gesellschaft" (Polanyi 2015, S. 329 ff.) von großer Aktualität, wenn es darum geht, über emanzipatorische und solidarische Formen einer postkapitalistischen Gesellschaft nachzudenken. Anders als zu Polanyis Zeiten blicken wir heute jedoch auf eine Geschichte des (Staats-)Sozialismus zurück, die ursprünglich als sozialistisch verstandene Ideen von Gleichheit, Freiheit, Solidarität deformiert und diskreditiert hat. Über eine Neuordnung der Gesellschaft im emanzipatorischen Sinne nachzudenken bedeutet auch, sich mit den historischen Erfahrungen staatssozialistischer Diktaturen auseinanderzusetzen und Wege in eine solidarische Gesellschaft zu suchen, in der sich die Freiheit der Einzelnen mit sozialer Gerechtigkeit und Entfaltungsmöglichkeiten für alle verbindet.

Karl Polanyis zentraler Beitrag, den er auf den letzten Seiten von „The Great Transformation" ausführt und den wiederzuentdecken lohnt, besteht in einem flammenden Appell gegen Dogmatismus und Vereinfachung. Es ist ein Plädoyer für Dialektik und Pragmatismus. Die Kritik am fehlgeleiteten Glauben an die Selbststeuerungskraft des Marktes darf nicht zu einer Ablehnung von Märkten an sich führen. Die Kritik am exzessiven Individualismus liberalen Denkens darf nicht vergessen lassen, wie bedeutsam das Recht auf Nonkonformismus und der Schutz von Minderheiten ist. Doch gleichzeitig führt kein Weg daran vorbei, dass Gesellschaften nur mit „Planung", „Regulierung", „Kontrolle" (Polanyi 2015, S. 338 ff.) und einem handlungsfähigen Staat gestaltbar sind. Sonst herrscht das Recht des Stärkeren: Digitale Plattformen verdrängen mit Steuer- und Sozialdumping die Konkurrenz; Radfahren bleibt eine Nische für Ökobewusste und geflogen wird weiterhin steuerbegünstigt. Kurzum, ohne „Planung", „Regulierung", „Kontrolle" ist „Freiheit in einer komplexen Gesellschaft" (Polanyi 2015, S. 329 ff.) nicht möglich, wenn sie mehr sein soll als die individuelle Freiheit der Privilegierteren.

Warum Polanyi die Persönlichkeit des Jahrhunderts sein sollte

Karl Polanyi verdient es, eine zentrale Referenz für das 21. Jahrhundert zu werden, weil sein Denken auf der Suche nach konstruktiven, solidarischen Alternativen hilft. Polanyi ist keinesfalls der einzige Vor- und Querdenker, um in der aktuellen Umbruchphase eine umfassende Systemkritik mit einer konkreten Zeitdiagnose zu verbinden. Es kann nicht darum gehen, Polanyi gegen Marx, Weber, Adorno, Keynes oder viele andere auszuspielen. Querdenken heißt, verschiedene Perspektiven zu nutzen, um in der Vielfalt der aktuellen Dynamiken nicht orientierungslos zu werden. Jedoch gibt es für die Polanyi-Renaissance gute Gründe: Sein Werk lädt ein, das Verhältnis von Wirtschaft und Gesellschaft neu zu denken. Polanyi hilft, die Gefahren zu erkennen, denen sich eine Zivilisation ausgesetzt sieht, in der materielle Eigeninteressen als einzig legitime gesellschaftliche Interessen gelten: Zahlt es sich aus? Rechnet es sich? Können wir uns dies und jenes leisten? Polanyi hilft uns, dieses ökonomische Denken erneut in größere gesellschaftliche und ökologische Zusammenhänge einzubetten. Nur auf diese Weise können die gesellschaftlichen Belange der Vielen zum Taktgeber der Wirtschaft gemacht werden, statt sie an den individuellen Interessen von wenigen auszurichten.

Und Polanyi lädt – auch in Verbindung mit seiner Biografie – dazu ein, an die Anfänge des 20. Jahrhunderts zurückzugehen und aus der Geschichte zu lernen: aus dem Kampf um Demokratie und Frauenrechte, um Wohlfahrtsstaat und gegen Krieg. Aus den großen Siegen (gegen den Faschismus und beim Aufbau der Völkerverständigung) und schrittweisen Erfolgen (den vielen kleinen Gesetzesänderungen, geänderten Routinen und kulturellen Selbstverständlichkeiten wie der voranschreitenden Gleichstellung der Geschlechter, der breiten Akzeptanz von Homosexualität, der wachsenden Sensibilisierung für die Belange von Menschen mit Beeinträchtigung) können wir Kraft schöpfen für die Auseinandersetzung mit erstarkenden rechtspopulistischen und autoritären Kräften. Es kann auch wieder anders werden: „[M]ehr Freiheit für alle zu schaffen" (Polanyi 2015, S. 344) ist möglich. „Freiheit für alle" bleibt der Horizont konkreter Utopien.

Quellen

Robert Boyer im letzten Teil, „Karl Polanyi – Wirtschaft als Teil des menschlichen Kulturschaffens", des auf Arte gezeigten sechsteiligen Films von Ilan Ziv, „Der Kapitalismus".

Karl Polanyi (2015), The Great Transformation. Politische und ökonomische Ursprünge von Gesellschaften und Wirtschaftssystemen. Frankfurt am Main: Suhrkamp.

„VIELE WEIDEN AUF POLANYIS WIESE“

Das Werk Karl Polanyis in deutschsprachigen und angelsächsischen Medien der vergangenen fünf Jahre

ARMIN THURNHER

Viele Texte, nicht nur, aber auch in diesem Buch, legen den Gedanken nahe, die Finanzkrise 2008 habe das Werk Polanyis wieder in den Mittelpunkt des Interesses gerückt. Da ist was dran. Allerdings läuft die Sache im deutschen und im englischen Sprachraum einigermaßen verschieden. Während in England und in den USA die Linke eine Debatte über Polanyi führt und bedeutende Publikumszeitungen und -zeitschriften den Mann und sein Werk vorstellen, gibt es in deutschen und österreichischen Zeitungen durchaus eine Resonanz, aber die Zeitschriften schweigen fast gänzlich. So findet sich im Zeitraum der letzten fünf Jahre weder im *Spiegel* noch in Zeitschriften wie *Profil, Weltwoche* oder *Brand eins* auch nur eine einzige Erwähnung des Namens Karl Polanyi. In der *Zeit* gab es zwei Erwähnungen, aber keinen nennenswerten Beitrag zum Thema. Lediglich speziell auf Politik ausgerichtete Publikationen wie die *Blätter für deutsche und internationale Politik* brachten große Beiträge zu Polanyi oder durch Polanyi inspirierte Überlegungen. Mitunter stammten sie aus dem angelsächsischen Raum, etwa von Robert Reich oder Nancy Fraser; Letztere wird in diesem Buch ausführlich diskutiert.

Polanyis Hauptwerk, „The Great Transformation“, erschien 1944; es dauerte 33 Jahre, bis es auf Deutsch herauskam. Außerhalb ökonomischer Fachkreise war der Name Polanyi kaum jemanden ein Begriff. Das immerhin hat sich gründlich geändert. Heute kann man ihn en passant als Hinweismarke verwenden, wie dies der Politologe Ulrich Brand vor kurzem in einem *Falter*-Interview tat. Wie weit muss Degrowth gehen?, lautete die Frage. Brands Antwort: „Mit Karl Polanyi gesprochen: Wir müssen die gesellschaftspolitische und intellektuelle

Gegenbewegung gegen eine immer weiter selbstverständliche, ignorante Naturvernutzung und imperiale Lebensweise einleiten. Dann sind Lernprozesse möglich, die ich bei einigen meiner Studierenden schon sehe: Die wollen gar kein Auto mehr haben, einige sogar nicht mehr fliegen. Sie wollen einfach und gut leben. Das wäre der Horizont: Ein wachsender Teil der Gesellschaft will diese andere Lebensweise" (*Falter*, 1.5.2018).

2009 noch konnte die renommierte, bildungsbürgerliche *Zeit* schreiben, folge man dem „vergessenen Ökonom (sic) Karl Polanyi", müsse man einsehen, dass „die Industriezivilisation sehr wohl zum Ruin des Menschen führen kann" (16.7.). Nur noch einmal wird Polanyi wieder erwähnt, als Warner vor „Klimawandel, Wirtschafts- und Finanzkrisen" (15.9.2011). Zu den wenigen Wochenzeitungen, die Polanyi nicht ausblenden, zählt die *Wirtschaftswoche*. „Man trifft in Hauptseminaren der Volkswirtschaft heute Studenten, die nicht Adam Smith und Friedrich August von Hayek gelesen haben. Die nicht wissen, wer François Quesnay oder Carl Menger waren. Wofür Albert O. Hirschman oder Karl Polanyi stehen" (12.10.2018).

Tageszeitungsleser hatten es besser. Die *Neue Zürcher Zeitung* hatte zwar sicher recht, wenn sie noch 2016 schrieb: „Schumpeter, Galbraith, Hayek und Friedman mögen ein vergleichbares Maß an öffentlicher Bekanntheit erlangt haben wie Keynes und Piketty. Bei Karl Polanyi, Tibor Scitovsky, Albert O. Hirschman und Peter L. Berger ist dies jedoch nicht der Fall" (29.9.). Doch haben österreichische Qualitätsblätter überraschenderweise einiges zur Polanyi-Renaissance beigetragen. In der *Presse* vom 25.11.2016 stellte der Sozial- und Wirtschaftshistoriker Ernst Langthaler seinen ausführlichen Text über „The Great Transformation" in einen aktuellen Kontext, den Aufstieg Donald Trumps zum Präsidenten der USA. „Was wie ein Kommentar zum Sieg Donald Trumps bei der US-Präsidentenwahl klingt, wurde sinngemäß vor mehr als 70 Jahren gedacht, gesagt und geschrieben. Karl Polanyi beantwortete 1944 in seinem Buch ‚The Great Transformation' eine der drängendsten Fragen jener Zeit: den Aufstieg des Faschismus, der – zusammen mit dem Kommunismus – dem 20. Jahrhundert den Stempel ‚Zeitalter der Extreme' (Eric Hobsbawm) aufgedrückt hat", schreibt Langthaler, ohne jedoch Trump als Faschisten zu klassifizieren; er hält ihn für einen Nationalpopulisten, dessen Erfolg sich jedoch mit Polanyis Kategorie der Gegenbewegung erklären lasse (vgl. dazu S. 27 in diesem Buch).

Auch im *Standard* wird Polanyi ab und an zitiert, etwa vom Kulturwissenschaftler Wolfgang Müller-Funk am 13.5.2016 in einem Plädoyer für eine europäische Politik, die ein „europäisches Weiterwursteln" sein müsse. Denn „ihr Zusammenbruch würde jene politischen Kräfte demokratischer Selbstzerstörung freisetzen, die zu einer dramatischen Herausforderung für Europa geworden sind. Sie würde zu jener Regression und völligen Marginalisierung des Halbkontinents führen, die Karl Polanyi kurz vor Ende des Zweiten Weltkriegs beschrieben hat."

Auch über die Ehrung Kari Polanyi-Levitts durch eine Gedenktafel an ihrem ehemaligen Wiener Wohnhaus berichteten mehrere hiesige Blätter und gingen bei dieser Gelegenheit auch auf das Werk Karl Polanyis ein. Insgesamt bleibt die Rezeption in Österreich verhalten, wobei es immer wieder lobenswerte Ausnahmen gab: etwa ein großes Porträt Polanyis samt Interview mit Kari Polanyi-Levitt von Tanja Traxler anlässlich der Polanyi-Konferenz in Linz im *Standard* vom 18.1.2017. Oder diverse Berichte in der *Wiener Zeitung,* etwa ein Kommentar der Ökonomin Sigrid Stagl für „neue Spielregeln des Wirtschaftens im Anthropozän" am 29.8.2017.

Für deutsche und Schweizer Tageszeitungen kann man sagen, dass Polanyi je nach Ausrichtung des Blatts zu Ehren kommt oder mitunter auch hämische Kritik erfährt. Die konservative *Neue Zürcher Zeitung* bleibt erstaunlich neutral und zitiert Polanyi ab und an in großen Essays; so etwa verwenden die Raumplanungsexperten Robert Kaltenbrunner und Olaf Schnur ganz selbstverständlich mit Bezug auf Polanyi den Begriff „Kommodifizierung" (26.4.2014).

Die *Süddeutsche Zeitung* und die *taz* sympathisieren deutlich mit Polanyi. In der *Süddeutschen* vom 18.6.2018 rezensiert der Politologe Claus Leggewie die Werke von Gareth Dale und Robert Kuttner über Polanyi. Und der englische Literaturprofessor Jeremy Adler schreibt zum Thema Brexit: „Die zutreffende Diagnose stammt von Hayeks Gegenspieler Karl Polanyi. Der Wirtschaftshistoriker hielt den ‚freien Markt' für einen Mythos, weil er in Wahrheit auf zahllosen Gesetzen beruhe: ‚Das Laisser-faire war geplant.' Die einseitige Bevorzugung des Marktes unterminiere die Demokratie. Eine natürliche Ökono-

mie sei sozial eingebettet. Nach Polanyi zu urteilen, hat Hayek die Krankheit mit der Kur verwechselt. Der Faschismus entstamme ‚einer Marktwirtschaft, die nicht funktioniert'" (*SZ* vom 25.8.2018). Der Wirtschaftssoziologe Jens Beckert wiederum nennt „The Great Transformation" als das für ihn wichtigste Buch (14.6.2016). Wenig überraschend wird Polanyi in der *taz* durchaus zustimmend zitiert, ja, als selbstverständliche Referenz vorausgesetzt (zum Beispiel beim Politologen Franz Walter am 6.4.2013).

Am interessantesten ist die Polanyi-Rezeption in der konservativen *Frankfurter Allgemeinen Zeitung*. Zwar überwiegt in der *FAZ* und deren Ableger, der *Frankfurter Allgemeinen Sonntagszeitung*, der Tenor, Polanyi-Schüler hingen seiner Theorie nur im Rahmen der allgemeinen Ratlosigkeit der Linken an, doch ist es dieses Blatt, in dem ausführliche, manchmal sogar sympathisierende Auseinandersetzungen mit Polanyi stattfinden.

Hier konstatierte die amerikanische Ökonomin Shoshana Zuboff unter Bezug auf Polanyis Analyse der Destruktivität des Marktes: „Google führt uns an den Wendepunkt in der Reichweite der Marktwirtschaft. Eine vierte fiktive Ware entsteht hier und wird zum beherrschenden Merkmal der Marktdynamik des 21. Jahrhunderts. Die ‚Realität' erfährt dabei dieselbe Umwandlung ins Fiktive und wird als ‚Verhalten' wiedergeboren. Dazu gehört das Verhalten der Lebewesen, ihrer Körper und ihrer Dinge, das Verhalten selbst sowie Daten über das Verhalten. Es ist der weltumspannende Organismus samt den winzigsten Elementen darin" (30.4.2014). Der Ökonom Carl Christian von Weizsäcker wiederum zitiert Polanyi in seiner Ökonomie der Migration (*FAZ* 12.1.2016).

Auch Wirtschaftsredakteur Rainer Hank bemerkt in seinem Polanyi-Porträt durchaus zustimmend am Ende: „Viele der heutigen Kapitalismuskritiker weiden auf der Wiese Polanyis. Die Kritik am ‚Ökonomismus' und ‚Kapitalismus pur', die Mahnung zu Maß und Mitte, die von Sahra Wagenknecht bis Volker Kauder täglich ertönt, hat hier ihren Ursprung. Wenn Bundeskanzlerin Merkel findet, wir brauchten eine ‚marktkonforme Demokratie', würden Polanyis heutige Freunde dagegen einen ‚demokratiekonformen Markt' fordern" (*FAS* 24.8.2018). Obwohl der gleiche Hank, Bezug nehmend auf das Erbe Polanyis, dessen differenzierte Kapitalismuskritik verstimmt, diesem gern auch ‚antikapitalistischen Romantizismus vorwirft (*FAS* 13.1.2013). Hank kommt immer wieder auf Polanyi zurück, sei es in einer Dickens-Rezension (*FAS* 16.3.2014) oder in einer Philippika gegen Kapitalismuskritiker, die nicht wüssten, dass sie Polanyis Erben sind (*FAS* 24.8.2014).

In seinem Text in der *FAZ* „Warum Intellektuelle den Kapitalismus nicht mögen" formulierte der Multimillionär und Historiker Rainer Zitelmann den Grund für das instinktive Misstrauen bürgerlicher Publizisten. „Einer der Gründe ist das Unverständnis vieler Intellektueller für den Charakter des Kapitalismus als spontan gewachsener Ordnung. Der Kapitalismus ist – anders als der Sozialismus – nicht ein Gedankensystem, das der Wirklichkeit übergestülpt wird, sondern eine weitgehend spontane, evolutionär entstandene Ordnung, die eher ‚von unten' wächst, als von oben angeordnet wird. Historisch ist er gewachsen, so wie Sprachen gewachsen sind. Sprachen wurden nicht erfunden, konstruiert und erdacht, sondern sind das Ergebnis ungesteuerter spontaner Prozesse“ (18.5.2018). Fundamentaler könnte man Polanyi und seine Schule nicht missverstehen, denn ihnen zufolge (siehe oben) ist gerade das Gegenteil wahr: Das Laissez-faire war geplant.

Welch anderes Bild in England und den USA. In England ist der Grund einfach: Jeremy Corbyns Wirtschaftspolitik beruft sich auf Polanyi und orientiert sich an ihm. Konservativere Medien wie das Magazin *Economist* haben sich nicht nur aus diesem Grund ausführlich mit Polanyi befasst (The great transformation: Corbynomics would change Britain – but not in the way most people think, 17.5.2018); in der linksliberale Tageszeitung *Guardian* hatte der Politologe Adrian Pabst lange zuvor schon apodiktisch festgestellt, Polanyi, nicht Keynes sei „der einzige Ökonom, der die wahren Grenzen von Kapitalismus und Sozialismus erfasst hat“ (9.11.2008). In einem Editorial hielt der *Guardian* fest: „Corbynomics wurde in solchen moralischen (Polanyi'schen, Anm.) Begriffen geframt – und das ist eine sehr gute Sache“ – es fehle nur an Mut zu konkreten Beispielen (27.5.2018).

Neuerdings gab die englische Ökonomin Ann Pettifor, Mitinitiatorin der Jubilee-2000-Aktion, die eine Schuldenstreichung für die ärmsten Länder fordert, der deutschen *taz* ein Interview, in dem sie aktuelle politische Verhältnisse mit Polanyi erklärte: „Trump repräsentiert einen großen Teil der Gesellschaft, sicherlich. Er repräsentiert die ängstliche Bevölkerung, Menschen, die verunsichert sind durch die Wirtschaftskrise. Die Banken wurden gerettet, der Bevölkerung wurde Austerity verordnet und ihr wurde gesagt, sie müsse Opfer bringen. Die Löhne sind heute noch niedriger als vor der Krise. Einfache Menschen haben ihre Wohnungen verloren, sie sehen ihre Jobs bedroht von der chinesischen Konkurrenz, und in Washington geht es den Banken so gut wie zuvor. Schon Karl Polanyi hat in den 1930ern erklärt, dass die einfachen Menschen einen starken Mann wählen, wenn sie das Gefühl haben, dass sie Schutz brauchen. Das ist eine Reaktion auf eine unregulierte Ökonomie. Der starke Mann verspricht, eine Mauer an der Grenze zu Mexiko zu errichten und gegen die Chinesen zu kämpfen. In Frankreich erleben wir den Aufstand von ähnlich Benachteiligten. (...) Die Wahl eines autoritären Führers löst die Probleme für die Bevölkerung nicht, sondern verschlimmert sie. Diese Erfahrung werden die Menschen machen. In den USA und in Großbritannien sind die Pensionen weitgehend privatisiert, das Geld liegt bei Schattenbanken. Die spekulieren damit. Was machen sie genau mit den Pensionen? Niemand weiß es, es gibt keine Transparenz. Und keine Kontrolle. Mister Blackrock managt sechs Milliarden Dollar solcher Gelder. Was wissen wir über Blackrock?" (*taz*, 12.1.2019)

In den USA steht die Position Polanyis ebenfalls außer Frage. Die *New York Times* zitiert sein Werk und nennt sein Hauptwerk unter den bedeutendsten Büchern der Emigration neben jenen von Hannah Arendt, Theodor W. Adorno und Thomas Mann (1.2.2017); oder sie zitiert es wie Pankaj Mishra in einem Artikel über den indischen Premier Modi (14.11.2016).

Publikumszeitschriften wie der *New Yorker* widmen Polanyis Thesen 15-seitige Essays („Is Capitalism a Threat to Democracy" – eine Rezension von Robert Kuttners Polanyi-Buch). Die einflussreiche *New York Review of Books* publizierte eine Kritik ebendieses Robert Kuttner von Gareth Dales (s. Seite 101 in diesem Buch) Polanyi-Biografie unter dem Titel „The Man from Red Vienna".

Dass Bernie Sanders' marktkritische Ideen mit Polanyi begründet wurden, versteht sich fast von selbst („Polanyi for President", *Dissent Magazine*, Frühjahr 2016). Das *Dissent Magazine*, eher klassisch links, angesiedelt zwischen kommunitaristisch und sozialdemokratisch, publizierte mehrere große Texte zu Polanyi, außer dem erwähnten etwa „The Elusive Karl Polanyi" (Frühjahr 2017) oder „The Return of Karl Polanyi" (Frühjahr 2014).

Debatten über Neoliberalismus kommen schwer ohne Referenz auf Polanyi aus. In *The New Republic*, dem schwer umkämpften und zerzausten linken Magazin, erklärte der englische Politologe William Davies: „Das Idealbild getrennter politischer und wirtschaftlicher Bereiche wurde vielfach kritisiert. Von Marxisten mit der Begründung, dass es den Vorwand biete, die Ausbeutung des Proletariats zu verbergen (...), vor allem aber auch von Karl Polanyi, der meinte, es sei nur eine Illusion. Aus Polanyis Sicht ist der Staat nie ganz aus dem wirtschaftlichen Bereich abwesend, sondern ständig damit beschäftigt, jene wirtschaftlichen Freiheiten herzustellen und durchzusetzen, welche die Befürworter von Laissez-faire als ‚natürlich' betrachten." Oder, wie Steven Hahn in einem großen Text über Armut in den USA im linken Flaggschiff *The Nation* lapidar schreibt: „Laissez-faire war geplant, wie Polanyi bemerkte." (18. 4. 2018)

Junge Neomarxisten löckten im Magazin *Jacobin* wider den Stachel und nannten, was Polanyi vorschlage, eine Art Wohlfahrtskapitalismus; wohl ein Schritt vorwärts, aber für wahre Sozialisten zu wenig. Solche Ironie scheint jedoch angesichts der politischen Auseinandersetzungen in England und den USA ganz unangebracht. Wenngleich das Magazin neuerdings (Jacob Hamburger, „The Unholy Family", *Jacobin* 1/2018) Polanyi mit Melitta Coopers Werk „Family Values" kritisiert und bestreitet, er habe wirklich eine Alternative zum kritisierten Neoliberalismus vorgelegt, vielmehr sei die Struktur der Kleinfamilie beiden eigen, dem Sozialismus und dem Neoliberalismus – Karl Polanyis Werk lebt, es wird darüber berichtet, es wird als aktueller Wegweiser für linke Politik leidenschaftlich diskutiert. Das könnte unserer (medialen) Linken ein Beispiel geben. Dieses Buch möchte dazu Anstöße liefern.

Anmerkung 1
Diese Zusammenfassung berücksichtigt weder Onlinemedien (wie orf.at, das sich um Polanyi verdient machte) noch Hörfunk wie Ö1, der sich wiederholt mit Polanyi befasste, oder TV-Serien (Arte berichtete über Polanyi in einer sechsteiligen Doku über große Ökonomen).

Anmerkung 2
Diese Zusammenfassung will nicht werten. Es geht ihr nicht um die korrekte oder weniger korrekte Polanyi-Rezeption, sondern nur um eine (notwendigerweise unvollständige) Erfassung der Resonanz in Publikumszeitschriften und Zeitungen des deutschen und des angelsächsischen Raums der letzten fünf Jahre.

5 901234 123457

FIKTIVE WAREN UND DREI WELLEN DER VERMARKTLICHUNG

Was fiktive Waren sind und wie öffentliches Gut zu privatem Kapital wird. Karl Polanyi lesen und weiterdenken

MICHAEL BURAWOY

Nach der Finanzkrise 2008 waren zunächst zahlreiche neue progressive Protestbewegungen weltweit zu beobachten. Inzwischen sind auch rechtspopulistische Kräfte erstarkt. Mit Karl Polanyis Buch „The Great Transformation" analysiere ich „Vermarktlichung" vom Standpunkt der sozialen Bewegungen aus, die sie hervorbringt, um darüber hinaus historisch drei Wellen zu unterscheiden.

Die fiktive Ware: von der Kommodifizierung zur Exkommodifizierung
Das zuerst 1944 veröffentlichte Buch Polanyis ist eine schneidende Abrechnung mit der Bedrohung, die der überdehnte Markt für das Überleben der Gesellschaft darstellt. Diese Bedrohung ist so schrecklich, dass sie – bei Strafe des Untergangs – die Selbstverteidigung der Gesellschaft auf den Plan rufen muss. Um die gelebte Erfahrung der Vermarktlichung und die Möglichkeit ihrer Umkehr zu verstehen, ist Polanyis Konzept der „fiktiven Ware" besonders nützlich. Darin beschreibt er den destruktiven Charakter der Kommodifizierung.

Polanyi behauptet, dass Arbeit, Boden und Geld – als drei Produktionsfaktoren – nie dazu gedacht waren, gekauft und verkauft zu werden, und dass ihre unreglementierte Kommodifizierung (ihr Zur-Ware-Werden) ihren „wahren" oder „wesentlichen" Charakter zerstöre. Wenn Arbeitskraft ohne Schutz vor Verletzungen oder Krankheit, Arbeitslosigkeit oder Überbeschäftigung bleibt oder gegen

Löhne unterhalb des Subsistenzniveaus ausgetauscht wird, schwindet die Arbeit, die aus ihr gewonnen werden kann, bald dahin und verkehrt sich in Nutzlosigkeit. Auch wenn Boden, oder allgemeiner die Natur, der Kommodifizierung ausgeliefert wird, lassen sich die Grundbedürfnisse des menschlichen Lebens bald nicht mehr decken. Wenn Geld schließlich dazu verwendet wird, Geld zu machen, zum Beispiel durch Währungsspekulation, dann wird sein Wert so unsicher, dass es nicht mehr als Tauschmittel verwendet werden kann; so werden Unternehmen lahmgelegt und Wirtschaftskrisen generiert. Heute müssen wir eine vierte fiktive Ware hinzufügen: das Wissen, einen Produktionsfaktor, der nicht nur ein wesentlicher Bestandteil der modernen Wirtschaft, sondern für die Produktion der anderen drei Faktoren entscheidend ist.

Wie haben fiktive Waren daran teil, dass die gelebte Erfahrung der Vermarktlichung in spezifischer Weise geprägt wird? Inwiefern trägt die Kommodifizierung von Arbeit, Boden, Geld und Wissen zu sozialen Bewegungen bei? Polanyi weist darauf hin, dass der Tauschakt selbst gegen das Wesen von Boden, Geld und Arbeit verstößt. Menschenhandel oder Handel mit menschlichen Organen können solche Abscheu hervorrufen, dass es zu sozialen Bewegungen kommt. Aber das werden wahrscheinlich keine Bewegungen derjenigen sein, die Opfer von Menschenhandel sind oder die ihre Organe verkaufen. Alternativ können soziale Bewegungen eine Antwort auf die Aufhebung von Schutzmaßnahmen gegen Kommodifizierung sein, etwa wenn Sozialleistungen gekürzt, den Gewerkschaften ihre Vertretungsrechte entzogen, Arbeitsrechte verletzt oder zurückgenommen werden.

Es gibt jedoch auch andere Methoden, den Bewegungen Antworten auf die Kommodifizierung zuzuschreiben, die sich vom Tauschprozess unterscheiden. Polanyi geht kaum auf die Prozesse ein, durch die Dinge in Waren verwandelt werden, Prozesse, bei denen die Ware aus ihrer sozialen Hülle entbettet wird. Marx hatte mit seiner „ursprünglichen Akkumulation" die Landenteignung im Blick, die zur Schaffung einer von Lohnarbeit abhängigen Erwerbsbevölkerung führte. Heute ist die Enteignung der bäuerlichen Landbevölkerung dazu bestimmt, Land zu kommodifizieren, statt abhängige Arbeitskräfte zu schaffen. Worin auch immer ihr Ziel bestand, die Landenteignung hat viel entschlossenen Widerstand hervorgebracht. Die Enteignung handwerklichen Wissens hat historisch gleichfalls sehr viel Protest ausgelöst. Heute geht es jedoch nicht nur um die Dequalifizierung der Arbeitskräfte, sondern um die Aneignung und Kommodifizierung des Produkts, nämlich des Wissens selbst. Bei der Privatisierung der Universitäten zum Beispiel umfasst die Enteignung die Umwandlung des Wissens aus einem öffentlichen Gut in marktfähiges Kapital. Auch dies ist eine Ursache für so manchen Protest.

Fiktive Waren als Quellen sozialer Bewegungen

Ungleichheit	
Exkommodifizierung	ARBEIT (Prekarität)
Kommodifizierung	GELD (Schulden)

Enteignung	
Exkommodifizierung	NATUR (Zerstörung)
Kommodifizierung	WISSEN (Privatisierung)

Neben der Enteignung, die die Ware hervorbringt, ist die zunehmende Ungleichheit, die aus der Kommodifizierung folgt, eine Quelle sozialer Bewegungen. So ist beim Verkauf der Arbeitskraft „Prekarität" zur beherrschenden Erfahrung wachsender Bevölkerungsanteile geworden. Die Kommodifizierung der Arbeitskraft ist durch die Kommodifizierung des Geldes noch verschärft worden, bei der Geld aus Geld gemacht wird, indem man mit den Schulden spekuliert.

Ein weiterer Prozess, den Polanyi übersah, ist zu nennen: die Exkommodifizierung, die Ausscheidung von Dingen aus dem Markt, die früher Waren gewesen, es jetzt aber nicht mehr sind. Exkommodifizierung greift den Gedanken auf, dass es Unmengen nützlicher Dinge gibt, die zu ihrem Nachteil vom Markt ausgeschieden werden. Angesichts der Exkommodifizierung kann Kommodifizierung eine sehr attraktive Perspektive sein. In Bezug auf Arbeit machen die überzähligen Arbeitskraftreserven, die auf der ganzen Welt zunehmen, es zu einem Privileg, ausgebeutet zu werden. Riesige Populationen werden ins Exil getrieben oder auf den informellen Sektor der Wirtschaft beschränkt, wo sie ihr Dasein von der Hand in den Mund fristen. In Bezug auf die Natur führt ihre Einbeziehung in die kapitalistische Wirtschaft zu Verschwendung, aber oft ist auch die Abwesenheit des Marktes für ihre Unterbewertung verantwortlich. Wir können die Natur ausplündern, weil ihr Marktwert unbedeutend ist. Ganz anders verhält es sich mit Wissen und Geld, wo die Kommodifizierung nicht zu Verschwendung führt, sondern zu einer verzerrten Anwendung: Die Produktion von Wissen wird auf diejenigen abgestellt, die es bezahlen können, während die Produktion verschiedener Geldmittel dazu verwendet wird, aus Schulden Gewinn zu erzielen.

Über die Merkmale der fiktiven Waren hinaus ist es wichtig, ihre Wechselbeziehungen in bestimmten historischen Kontexten zu untersuchen. Soziale Bewegungen müssen nicht als Reaktion auf die (Ex-)Kommodifizierung einer einzigen fiktiven Ware begriffen werden, sondern als Reaktion auf die Verbindung der (Ex-)Kommodifizierung von Arbeit, Geld, Natur und Wissen. So zeigte sich im Arabischen Frühling die Überschneidung der Prekarisierung von Arbeit mit der Verschuldung durch Mikrokredite als Protestmotiv; Studierendenproteste können in Bezug auf die Prekarisierung der Arbeit und die Privatisierung der Wissensproduktion untersucht werden; Umweltbewegungen liegen an der Schnittstelle von Zerstörung oder Kommodifizierung der Natur und Prekarisierung von Arbeit. Dieses Gerüst fiktiver Waren ermöglicht es, die Triebkräfte in den Blick zu nehmen, die Protesten zugrunde liegen. Die Verbindung der (Ex-)Kommodifizierung der fiktiven Waren kann außerdem verwendet werden, um historische Perioden der Vermarktlichung zu unterscheiden und zu verstehen.

Polanyi dachte, wir würden mit Marktfundamentalismus nie wieder experimentieren

In Wahrheit verwendet Polanyi wenig Aufmerksamkeit auf fiktive Waren, er ist stärker damit beschäftigt, seine majestätische Geschichte zu entwickeln. Diese beginnt mit dem Fortschritt der Vermarktlichung am Ende des 18. Jahrhunderts und endet in den 1930er-Jahren mit einer Gegenbewegung, die neue Formen der staatlichen Regulierung mit sich bringt: sowohl solche, die Freiheiten fördern, wie der New Deal und die Sozialdemokratie, als auch solche, die Freiheiten einschränken, wie Faschismus und Stalinismus. Die doppelte Bedrohung – für das Überleben der Gesellschaft und dann für die als

Reaktion auf die Zerstörung der Gesellschaft verwüstete Freiheit – brachte Polanyi dazu zu glauben, dass die Menschheit nie wieder mit dem Marktfundamentalismus experimentieren würde. Er irrte sich. Ab 1973 kam eine neue Runde des Marktfundamentalismus in Gang, die weitreichende Folgen für die Geschichte des Kapitalismus und die Besonderheit der gegenwärtigen Zeitläufe hatte.

Drei Wellen der Vermarktlichung und die Gegenbewegungen

Im Rückblick auf die von Polanyi untersuchte Geschichte der kapitalistischen Gesellschaft und die Entwicklung seither kann man drei Wellen der Vermarktlichung ausmachen, jeweils mit der dazugehörigen realen oder (im Falle der dritten Welle) potenziellen Gegenbewegung. Mit Bezug auf die englische Geschichte – dem Schwerpunkt von Polanyis Analyse – kann man sagen, dass die erste Welle am Ende des 18. Jahrhunderts mit dem Speenhamland-Gesetz von 1795 beginnt, das zu einem Hindernis für die Entwicklung eines nationalen Arbeitsmarktes wurde, der sich erst mit dem neuen Armengesetz von 1834 herauskristallisieren sollte. Mit der Aufhebung des Speenhamland-Gesetzes und der Freisetzung der Marktkräfte setzten auch Gegenbewegungen ein, mit denen die Gesellschaft sich zu schützen suchte: die Bildung einer Arbeiterklasse vermittels der Fabrikbewegung, der Genossenschaften und Gewerkschaften, des Chartismus und der Gründung einer politischen Partei, Fabrik- und Sozialgesetze.

Die zweite Welle der Vermarktlichung begann nach dem Ersten Weltkrieg mit einem erneuten Aufstieg des Marktes, der die Rekommodifizierung der Arbeit und die Öffnung des freien Handels auf der Grundlage des Goldstandards umfasste. Das funktionierte sehr gut für so mächtige Länder wie die USA und Großbritannien, aber für konkurrierende Länder wie Italien und Deutschland führten die Zwänge der starren Wechselkurse zu einem katastrophalen Rückgang der Wirtschaft und grassierender Inflation. Das führte dazu, dass sie mit der internationalen Wirtschaft brachen und sich einem rückschrittlichen System der Marktregulierung zuwendeten. Mit der Wirtschaftskrise, der nur durch Staatsintervention und (einer in diesem Fall fortschrittlichen) Marktregulierung entgegengewirkt wurde, fiel dies auf die USA und das übrige Europa zurück. Nach der Niederlage des Faschismus im Zweiten Weltkrieg setzten sich liberalere

Regime durch. Auch in der UdSSR gab es in den 1950er-Jahren eine gewisse Liberalisierung. Im fortgeschrittenen Kapitalismus wurde diese Periode in der Ökonomie vom Keynesianismus und einem „eingebetteten Liberalismus“ beherrscht und in der Soziologie vom Ende der Ideologie, um dann mit dem Aufschwung der sozialen Bewegungen in den 1960er-Jahren aufgesprengt zu werden.

Die dritte Welle, die Polanyi nicht erwartet hatte, beginnt im Jahre 1973 mit der Energiekrise, sie wurde später unter dem Stichwort „Washington Consensus“ beschrieben und bekam großen Auftrieb durch die Regierungen von Margaret Thatcher und Ronald Reagan in Gestalt eines erneuten Angriffs auf die Arbeit. Im Laufe der Zeit hat sie sich mit dem Aufstieg der Finanzwirtschaft als eine Ära der Rekommodifizierung des Geldes und der verschärften Kommodifizierung der Natur, das heißt von Luft, Boden und Wasser, erwiesen. Diese dritte Welle der Vermarktlichung führte zum Zusammenbruch des Staatssozialismus und bezog aus ihm neue Energien. In Lateinamerika kam die Strukturanpassung genau zu dem Zeitpunkt, als die Diktaturen fielen, was zu Experimenten in partizipativer Demokratie führte. Während die Wellen der Vermarktlichung in den Kernländern in einem Zeitraum von mehr als zwei Jahrhunderten aufeinanderfolgten, wurden die Länder an der Peripherie in sehr rascher Folge mit ihnen konfrontiert, sodass sie umso explosiver wirkten.

Es hat nationale Reaktionen auf die Vermarktlichung gegeben – etwa in Gestalt eines islamischen Nationalismus oder sozialistischer Schattierungen in Lateinamerika –, aber sie können die dritte Welle der Vermarktlichung nicht umkehren. Dazu bedarf es einer planetarischen Reaktion auf die globale Reichweite des Finanzkapitals und die heraufziehende Umweltkatastrophe, die eine Bedrohung für die ganze Erde ist. Das Finanzkapital ist allerdings die treibende Kraft hinter der Prekarisierung der Arbeit – ihrer Rekommodifizierung ebenso wie ihrer dementsprechenden Exkommodifizierung – sowie der steigenden Verschuldung, nicht nur auf individueller Ebene, sondern auch auf der Ebene der Gemeinde, der Stadt, des Staates und der Region. Das Finanzkapital hat Wissen zur Ware gemacht und seine Produktion vorangetrieben, gemeinsam haben sie sich die Natur einverleibt, als eine Akkumulationsstrategie des Kapitals. Eine Gegenbewegung wird einen globalen Charakter annehmen und mit Bezug auf die Menschenrechte formuliert werden müssen, da das Überleben der menschlichen Spezies auf dem Spiel steht.

Es stellt sich die Frage, wo genau wir uns auf der Kurvenlinie der dritten Welle der Vermarktlichung befinden. Optimisten behaupten, die dritte Welle der Vermarktlichung habe bereits von selbst begonnen, sich umzukehren, und wir befänden uns im Aufstieg zu einer Einschränkung der Vermarktlichung. Andere meinen, dass die Kommodifizierung von einem Stillstand weit entfernt sei. Viele Menschen, darunter auch ich, dachten, dass die Wirtschaftskrise von 2008 und die Umstrukturierung der Machtverhältnisse auf der Welt Gelegenheit für eine Gegenbewegung bieten würde, aber dies erwies sich als Illusion. Es ist möglich, dass eine Gegenbewegung noch in weiter Ferne liegt, so wie es auch möglich ist, dass es niemals eine Gegenbewegung im Sinne der Einschränkung der Vermarktlichung geben wird.

Es handelt sich bei diesem Text um einen neu zusammengestellten Auszug aus: Michael Burawoy (2015), Public Sociology – Öffentliche Soziologie gegen Marktfundamentalismus und globale Ungleichheit (hg. von Brigitte Aulenbacher und Klaus Dörre und aus dem amerikanischen Englisch übersetzt von Regine Othmer). Beltz Juventa: Weinheim und Basel.

„DU ALS DEUTSCHER BIST NICHTS MEHR WERT"

Der Aufstieg des Rechtspopulismus – eine Arbeiterbewegung von rechts?

KARINA BECKER UND SOPHIE BOSE

In zahlreichen frühindustrialisierten Ländern sind wir derzeit mit dem Aufstieg rechtspopulistischer Formationen konfrontiert, die eine Zäsur für das politische System darstellen. Zwar rekrutieren populistische Parteien ihr Elektorat grundsätzlich aus allen Klassen und Schichten der Bevölkerung, es fällt jedoch auf, dass sie bei der Arbeiterschaft auf überdurchschnittliche Zustimmung stoßen. US-Präsident Donald Trump verdankt seinen Wahlsieg nicht nur Stimmen aus der Mittelschicht und dem Kleinbürgertum, sondern auch aus dem deindustrialisierten Rust Belt der USA.

Die von der rechtspopulistischen UKIP federführend betriebene Brexit-Kampagne fand in der Arbeiterschaft überdurchschnittliche Zustimmung. In Österreich votierten bei der Bundespräsidentenwahl 85 Prozent der Arbeiter und Arbeiterinnen für den FPÖ-Kandidaten Hofer (insgesamt 46,2 % der Stimmen), sein siegreicher Konkurrent Van der Bellen kam in dieser Statusgruppe auf gerade einmal 15 Prozent. In Frankreich erzielt der Rassemblement national (ehemals Front national) seit den 1990er-Jahren Spitzenwahlergebnisse in ehemaligen Hochburgen der Kommunistischen Partei Frankreichs (PCF).

Auch die Wahlerfolge der Alternative für Deutschland (AfD) fügen sich in dieses Muster. Die AfD war neben der FDP die eigentliche Gewinnerin der Bundestagswahl 2017. In den ostdeutschen Bundesländern hat sie insgesamt Ergebnisse einer Großpartei erzielt, in Sachsen ist sie mit 27 Prozent sogar die stimmenstärkste Kraft. Laut Analysen von infratest dimap haben überdurchschnittlich viele Arbeiterinnen und Arbeiter sowie Arbeitslose (jeweils 21 %) die AfD gewählt, aber auch in anderen Berufsgruppen und im Bereich der mittleren Bildungsabschlüsse konnte sie Stimmen im zweistelligen Bereich für sich gewinnen. Bei den Gewerkschaftsmitgliedern hat die AfD mit 15 Prozent leicht überdurchschnittliche Unterstützung; bei den Gewerkschaftsmitgliedern im Osten Deutschlands liegt sie mit 22 Prozent gleichauf mit der Linkspartei. Gerade in den Kohorten, die von Erwerbstätigen geprägt werden, verzeichnet sie Zugewinne, und zwar insbesondere bei den Männern in der Altersgruppe von 25 bis 59 Jahren.

Angesichts dieser Situation stellt sich die Frage, wie die hohe Akzeptanz der völkischen Rechten unter Arbeitern und Arbeiterinnen – auch gewerkschaftlich organisierten – zu erklären ist und ob wir es gar mit einer Arbeiterbewegung von rechts zu tun haben?

Eine Bewegung Polanyi'schen Typs

Um dies zu beantworten, ist es unseres Erachtens geboten herauszufinden, unter welchen Bedingungen sich der Aufstieg rechtspopulistischer Formationen vollzieht. Karl Polanyis Konzept der Doppelbewegung hilft uns dabei zu verstehen, was sich derzeit in Gestalt eines völkischen Populismus ereignet und in einigen Ländern wie beispielsweise Deutschland zuspitzt. Durch marktradikale Ideologien forciert, wurden in den letzten Jahren marktbegrenzende Institutionen und Organisationen geschwächt, Märkte sozial entbettet und marktabhängige Individuen oder Gruppen einem Wettbewerbsprinzip ausgesetzt, bei dem einige gewinnen und andere verlieren. Die Entbettung von Märkten, als deren Folge die fiktiven Waren Arbeit, Boden und Geld so behandelt werden, als seien sie Waren wie jede andere, hat im globalen Maßstab Gegenbewegungen vor allem von unten hervorgerufen. Damit verbindet sich eine Kapitalismuskritik, die nicht wie in der Analyse Karl Marx' an klassenspezifischen Ungleichheiten und Ausbeutung ansetzt, sondern an den gesellschaftszerstörenden Konsequenzen dieser Entwicklung.

Bewegungen Polanyi'schen Typs richten sich gegen eine marktgetriebene Transformation moderner Gesellschaften. Was wir derzeit auch im Wahlverhalten beobachten, interpretieren wir als eine Art imaginärer, konformistischer Revolte in Opposition zur weit getriebenen Marktsteuerung von Erwerbsarbeit. Sie richtet sich gegen die

Universalisierung von Marktvergesellschaftung und Konkurrenz und vor allem gegen deren Folgen.

Ökonomische Marktmacht wirkt diffus und abstrakt, sie lässt sich selten eindeutig zuordnen, und die Kritik an ihr kann in unterschiedliche Richtungen politisiert werden. Bewegungen gegen den Markt können, wie die frühen sozialistischen Arbeiterbewegungen, systemtranszendierende Ziele verfolgen; sie können aber auch bloßen Schutz vor marktvermittelter Konkurrenz einfordern und reaktiv-nationalistische oder, wie im Falle faschistischer Mobilisierungen, geradezu terroristische Züge annehmen.

Konflikt zwischen innen und außen

„Du als Deutscher bist nichts mehr wert." Mit diesen und ähnlichen Wahrnehmungen wurden wir in Interviews mit männlichen, gewerkschaftlich aktiven Industriearbeitern konfrontiert, die wir im Jahr 2017 in Sachsen führten. Anhand dieser Forschung wollen wir Einblicke dahingehend geben, wie sich befragte gewerkschaftlich aktive, rechts orientierte Arbeiter ihre eigene Lebenssituation und die sie umgebende Wirklichkeit erklären und illustrieren, dass der gegenwärtige völkische Nationalismus und dessen Attraktivität für Arbeiterinnen und Arbeiter als Bewegung Polanyi'schen Typs gedeutet werden kann.

Von uns befragte Arbeiter, bei denen wir rechtspopulistische Orientierungen ausmachen, verorten sich selbst in der gesellschaftli-

chen „Mitte" oder bezeichnen sich als „ganz normal". Sie sind zwar mit ihrer persönlichen Lebenssituation relativ zufrieden, blicken aber mit Sorge auf die immer größer werdende „Schere zwischen Arm und Reich". Trotz ihrer aktuellen Zufriedenheit haben sie das Gefühl, nicht dem zu entsprechen, was ihnen gemeinhin als normales und erstrebenswertes Lebensmodell präsentiert wird. Mit zwei Kindern kommen beispielsweise zwei der acht Befragten trotz ihrer Vollzeiterwerbstätigkeit und der ihrer Lebenspartnerinnen nur gerade so über die Runden. Urlaubsreisen und regelmäßige Restaurantbesuche mit der ganzen Familie, die für sie zu einem „normalen" Leben dazugehören, können sie sich nicht leisten. Sie fühlen sich als „arbeitende deutsche Bürger" und „kleine Leute" nicht angemessen anerkannt sowie materiell entlohnt. Gegenüber Flüchtlingen fühlen sie sich benachteiligt, da für diese nun plötzlich Geld da sei, nachdem jahrelang nicht in das Bildungssystem oder in den sozialen Wohnungsbau investiert wurde.

Ob für die Flüchtlinge, die überbezahlten Politiker oder Griechenland – immer sei der kleine deutsche Arbeiter „der Zahlemann der Nation". Die Befragten konstruieren „die Deutschen" als Gemeinschaft ehrlicher, hart arbeitender Menschen, die von der eigenen Regierung betrogen wird. Das reale soziale Problem, dass nicht wenige Lohnabhängige selbst mit einer Vollzeittätigkeit mit ihren Familien nur gerade so über die Runden kommen, wird hier national überformt: Ihnen als Deutschen stünde ein besseres Leben, soziale Absicherung und Anerkennung zu, ethnisch „Fremden" und Personen, die nichts zum Wohlstand des Landes beigetragen hätten, hingegen nicht. Sie sollen ausgegrenzt, in Sammelunterkünften untergebracht und ausschließlich mit den nötigsten Sachleistungen versorgt werden.

Zu dem Gefühl, nicht dem entsprechen zu können, was als „normal" gilt, gesellen sich entwertende Arbeitsbedingungen. Ein autoritärer Führungsstil der Vorgesetzten, Bevormundung, wenig Mitbestimmungsmöglichkeiten für Beschäftigte und ausbleibende Lohnerhöhungen gehören zu den prägenden Erfahrungen und sind nach Aussagen befragter Gewerkschaftssekretäre in den untersuchten Regionen keineswegs eine Ausnahme. Erfahrungen solcher Art können dazu beitragen, dass sich Menschen ohnmächtig und permanent benachteiligt fühlen, dass Frust und Wut wachsen. Diese Gefühle münden keineswegs zwangsläufig in eine rechtspopulistische oder gar völkische Bewegung, können jedoch von solchen mobilisiert werden.

Bei unseren Befragten spielen spezifisch ostdeutsche Erfahrungen eine bedeutende Rolle. Viele Ostdeutsche erlebten infolge der sogenannten Wende 1989/90 in rasantem Tempo eine Entwertung von fast allem, was bis dato gegolten hatte. Als Ostdeutsche waren sie gegenüber Westdeutschen nicht nur in ökonomischer Hinsicht benachteiligt; sie fühlten sich als Bürger und Bürgerinnen Ostdeutschlands auch in kultureller Hinsicht von westdeutscher Politik, von Arbeitgebern und anderen bevormundet, abgewertet und in ihren Lebensrealitäten nicht anerkannt.

Gefühle solcher Art entsprechen realen Benachteiligungen und Anerkennungsdefiziten, sind Ostdeutsche doch bis heute in allen Bereichen der Positionseliten und Medien unterrepräsentiert. Die Löhne und die Qualität der Arbeit sind in Ostdeutschland nach wie vor niedriger als in Westdeutschland. Nach den tiefgreifenden erwerbsbiografischen, sozioökonomischen und demografischen Umbrüchen der Wendezeit haben viele Ostdeutsche gerade erst wieder eine gewisse Normalität und Stabilität erreicht, die sie nun mit der Ankunft von Geflüchteten erneut bedroht sehen.

Deutlich wird, dass sich der Wunsch danach, mit dem eigenen Einkommen ohne Sorge ein gutes Leben führen zu können, nach stärkerer materieller Anerkennung ihrer Leistungen, ihrer harten Arbeit, aber eben auch ihrer Lebensrealitäten, in ausgrenzenden Lösungen ausdrückt. Diese Haltung lässt sich als exklusive Solidarität mit den produktiv Beschäftigten und der nationalen Leistungsgemeinschaft in Abgrenzung zu Arbeitslosen und „kulturell fremden, unnützen Migranten und Migrantinnen" bezeichnen.

Diese Grundproblematik lässt sich zu folgender These zuspitzen: Je geringer die Hoffnung ist, trotz individueller Anstrengungen Anschluss an eine Gesellschaft zu finden, die medial fortwährend als prosperierend dargestellt wird, desto stärker haben die von uns befragten Arbeiter das Gefühl, Verlierer einer Verteilungsungerechtigkeit zu sein. Infolgedessen interpretieren sie die aktuelle Situation als einen Konflikt zwischen innen – den leistungsbereiten, tüchtigen Deutschen – und außen, das heißt vermeintlich leistungsunwilligen, kulturell nicht integrierbaren Ausländern und Ausländerinnen.

Das gute Volk gegen das korrupte System

Dabei grenzen die Befragten das Volk und die von ihnen ersehnte nationale Leistungsgemeinschaft vom System ab. Sie kritisieren Egoismus, Macht- und Profitstreben sowie Vereinzelung und wünschen sich mehr Zusammenhalt und ein besseres Miteinander, das sie in der Nation zu realisieren meinen. Interessengegensätze und Meinungspluralismus kommen in dieser Vorstellung nicht vor. Das ist umso erstaunlicher, als alle als aktive, gewerkschaftlich organisierte Betriebsräte davon überzeugt sind, dass es ein starkes Gegengewicht der Arbeitenden zum Management braucht. Diesen Interessengegensatz auf der betrieblichen Ebene beziehen sie jedoch nicht auf die Gesellschaft: Hier eint die Vorstellung des deutschen „Volks" die Menschen über alle Interessengegensätze hinweg und verbündet sie im ethnischen Sinne gegen „das System".

Die Systemkritik ist häufig verschwörungstheoretisch begründet. Auch wenn sie das grundlegend diffuse Gefühl haben, dass „etwas mit dem System nicht stimmt", fällt doch auf, dass sich die Kritik der Befragten nicht auf die tieferen Ursachen von sozialer Ungleichheit, kapitalistischer Verwertungslogik oder sozialer Vereinzelung bezieht. Sie bestimmen lediglich Personen und Mächte, die allein an der gegenwärtigen Misere schuld sein sollen und Deutschland gezielt kleinhalten würden: die Migration, das vermeintliche Kartell von Parteien und Medien, die Politik, die Linken, die USA oder eben „irgendjemand".

Die verbreitete Kritik an wachsender sozialer Ungleichheit, das Bewusstsein für Ungerechtigkeiten in der Arbeitswelt, das Gefühl, politisch nicht repräsentiert zu werden und mit den eigenen Belangen in der Öffentlichkeit nicht vorzukommen, die mangelnde materielle und soziale Anerkennung als Arbeiter verbinden sich mit rassistischen Ressentiments und kanalisieren sich in einer völkischen Bewegung Polanyi'schen Typs. Diese richtet sich nicht gegen eine ausbeuterische Klasse, den Kapitalismus oder Ähnliches, sondern gegen das diffuse „System" und die kulturell vermeintlich Fremden. Die Grenzen zwischen dem „Wir" und „den Anderen" verlaufen folglich nicht klassenspezifisch, sondern nach Leistung und „Kultur".

Es handelt sich um eine Bewegung Polanyi'schen Typs, weil sie sich gegen die (vermeintliche) soziale Konkurrenz mit Migrierenden richtet und darauf abzielt, den eigenen Status, das Anrecht auf soziale Sicherheit und ein „gutes Leben" auch in der Zukunft zu erhalten, nicht aber darauf, die tatsächlichen gesellschaftlichen und ökonomischen Ursachen der Konkurrenz infrage zu stellen und zu überwinden. Die Befragten empfinden rechtspopulistische, nationalistische Bewegungen wie beispielsweise Pegida als Bewegungen der Mehrheit, die den authentischen Willen des Volks artikulieren und gegen die aus ihrer Sicht verlogene „Systempolitik" mit dem Ziel der Errichtung einer wahren, direkten Demokratie zu Felde ziehen.

Ausblick: Mehr vergleichende Forschung ist nötig

Rechtspopulistische Formationen greifen reale Anerkennungsdefizite und Themen auf, deren Bearbeitung sich lange Zeit linke Parteien recht erfolgreich verschrieben hatten. Dabei machen sie ausgrenzende, „national-soziale" Angebote ganz im Sinne von „Deutsche zuerst" oder „Österreicher zuerst" und legitimieren und radikalisieren rassistische und nationalistische Haltungen und Verhaltensweisen. Die sozialpopulistische Rhetorik und die Verknüpfung sozialer Themen mit Einwanderung läuft letztendlich immer darauf hinaus, Migration zu beschränken oder zu verhindern und soziale Gruppen gegeneinander auszuspielen, und lenkt so davon ab, ernsthaft soziale Probleme anzupacken.

Zu den Bedingungen des Aufstiegs rechtspopulistischer Formationen und ihrer Attraktivität für Arbeiter und Arbeiterinnen gehören politische Diskurse, politische Kräfteverhältnisse, sozioökonomische Veränderungen, politische Repräsentationsdefizite und Ähnliches, die sich in den verschiedenen Ländern voneinander unterscheiden und vergleichend untersucht werden müssten. Unsere Forschungen haben wir bisher nur in Deutschland und vorrangig in Industriebetrieben durchgeführt. Systematischer zu untersuchen wäre, wie es in anderen Branchen, wie beispielsweise dem Dienstleistungsbereich, aussieht.

Eine ausführliche Darstellung der diesem Beitrag zugrundeliegenden Studie findet sich bei Klaus Dörre/Sophie Bose/John Lütten/Jakob Köster (2018). Arbeiterbewegung von rechts? Motive und Grenzen einer imaginären Revolte. In: Berliner Journal für Soziologie, 2/17. Online abrufbar unter https://link.springer.com/article/10.1007/s11609-018-0352-z.

II

Persönliches Historisches

Wer könnte besser Auskunft über das Leben Karl Polanyis geben als seine Tochter Kari Polanyi-Levitt? Um die Person Karl Polanyi besser zu verstehen, ist es notwendig, ihm nahe Menschen kennenzulernen: seine Frau Ilona Duczyńska, seinen Bruder Michael und natürlich seine Tochter Kari. Polanyi wurde in Wien geboren und wuchs in Budapest auf; ungarische Juden befanden sich dort in einer besonderen Lage. Wie viele andere im 20. Jahrhundert verschlug es auch Polanyi von einem Ort zum anderen: Wien, London und die USA waren weitere Stationen seines Lebens.

„WO IMMER MEIN VATER LEBTE, WAR ER INVOLVIERT“

Was Karl Polanyis „The Great Transformation“ geprägt hat: Ein Gespräch über das Leben des Autors mit seiner Tochter Kari Polanyi-Levitt

MICHAEL BURAWOY

Karl Polanyi gilt als einer der anerkanntesten Denker der Soziologie und darüber hinaus. Sein Buch „The Great Transformation. Politische und ökonomische Ursprünge von Gesellschaften und Wirtschaftssystemen“ zählt heute zu den Klassikern der Soziologie und berührt beinahe jedes Teilgebiet der Disziplin. Die Bedeutung seines Werkes reicht dabei weit über die Grenzen der Soziologie hinaus, auch in Bereiche der Ökonomie, Geografie und Anthropologie. In den letzten vier Dekaden, die durch neoliberale Denkweise und Praxis gekennzeichnet waren, gewann Polanyis Sichtweise aufgrund seiner kritischen Position gegenüber der Marktwirtschaft und der Art und Weise, wie diese das Gefüge der Gesellschaft zersetzt, immer mehr Zustimmung. Das Buch untersucht Ursprünge und Konsequenzen von Kommodifizierung und ist zugleich eine Darstellung von Gegenbewegungen zu dieser Kommodifizierung – Bewegungen, die sowohl den Faschismus und den Stalinismus als auch die Sozialdemokratie hervorgerufen haben. Im gegenwärtigen globalen Kontext erweisen sich diese Analysen offensichtlich als relevant.

Im folgenden Interview spricht Karl Polanyis Tochter Kari Polanyi-Levitt über das Leben ihres Vaters und die maßgeblichen Einflüsse, die zu „The Great Transformation" beigetragen haben. Ebenso weist sie auf die spezielle Beziehung ihres Vaters zu ihrer Mutter Ilona Duczyńska hin, einer Intellektuellen, die zeitlebens politische Aktivistin war. Kari Polanyi-Levitt zeichnet die vier Phasen in Karl Polanyis Leben (1886–1964) nach: die ungarische, die österreichische, die englische und zuletzt die nordamerikanische Phase.

Kari Polanyi-Levitt ist Ökonomin und lebt in Montreal. Sie ist Autorin zahlreicher Bücher, einschließlich „From the Great Transformation to the Great Financialization" (2013) und des Sammelbands „The Life and Work of Karl Polanyi" (1990). Das folgende Interview ist eine gekürzte Version einer öffentlichen Diskussion zwischen Kari Polanyi-Levitt und Michael Burawoy.

Michael Burawoy: Beginnen wir am Anfang. Wir sind es gewohnt, Karl Polanyi als Ungarn anzusehen, aber er ist eigentlich in Wien geboren, richtig?

KARI POLANYI-LEVITT: Ja, das stimmt. Mein Vater und ich, wir sind beide in Wien geboren, meine Mutter in einer kleinen Stadt nicht weit von Wien. Wien war damals natürlich das Zentrum des intellektuellen Lebens, die große Metropole des österreichisch-ungarischen Kaiserreichs. Die Familie, also Vater und Mutter von Karl Polanyi, begannen ihr gemeinsames Leben in Wien. Karls Mutter, Cecilia Wohl, wurde von ihrem Vater aus Vilnius, damals in Russland, nach Wien geschickt, um einen Beruf zu erlernen. Aufgrund ihrer Ausbildung sprach sie Russisch und Deutsch. In Wien lernte sie Karls Vater, einen jungen ungarisch-jüdischen Ingenieur namens Mihály Pollacsek kennen. Er sprach Ungarisch und Deutsch, also war die Familie zu Beginn deutschsprachig.

Vor nicht allzu langer Zeit erfuhr ich durch Korrespondenzen, dass mein Vater bis zu seinem Eintritt ins Gymnasium in Budapest kein Ungarisch gelernt hatte. Die ungarische Phase meines Vaters, die natürlich sehr wichtig ist, war also durch russische Einflüsse geprägt – im politischen Sinne durch russische Sozialisten, die sich stark von damaligen Sozialdemokraten unterschieden. Es war ein Sozialismus,

Karl Polanyi mit Tocher Kari, aufgenommen 1938

Foto: www.karipolanyilevitt.com

der sich stärker in eine ländliche Richtung, in Richtung der bäuerlichen Landbevölkerung orientierte und anarchistische Elemente hatte. Selbstverständlich waren Kommunen ein zentraler Teil der politischen Formation. Ich muss sagen, dass dieser russische Einfluss durch seinen Vater, der sehr anglophil war, ausbalanciert wurde. Wenn es zwei relevante literarische Persönlichkeiten im Leben meines Vaters gab, so waren es Shakespeare – er nahm eine Ausgabe seiner gesammelten englischen Werke mit in den Krieg – und, von all den großen russischen Schriftstellern, Dostojewski.

Und dann war da der Einfluss von emigrierten russischen Revolutionären, unter ihnen ein Mann namens Klatschko.

POLANYI-LEVITT: Ja, Samuel Klatschko war eine außerordentliche Persönlichkeit. Er lebte in Wien und war der inoffizielle Vermittler zwischen russischen und internationalen bzw. europäischen Revolutionären. Er stammte aus einer jüdischen Familie aus Vilnius und verbrachte seine Jugend in einer russischen Kommune in Kansas. Diese Gemeinde war nicht sehr langlebig, sie löste sich bald auf. Man erzählt, dass Klatschko 3000 Rinder nach Chicago brachte und von dort aus die International Ladies Garment Workers Union in New York besuchte. Er war ein Aktivist. Die Kommune in Kansas war nach dem Russen Nikolai Tschaikowski benannt. Als Klatschko nach Wien kam, pflegte er eine enge Freundschaft mit der Pollacsek-Familie und er hielt Ausschau nach russischen Menschen, die marxistische Literatur kaufen wollten oder aus welchen Gründen auch immer nach Wien gekommen waren. Mein Vater erzählte mir, und das habe ich niemals vergessen, dass diese Männer nicht nur bei ihm einen starken Eindruck hinterlassen haben, sondern auch bei seinem Cousin Irvin Szabo, der eine wichtige Rolle in den intellektuellen Kreisen Ungarns spielte; er war eine Art anarchistischer Sozialist. Manche von ihnen hatten keine Schuhe, sondern wickelten stattdessen ihre Füße in Zeitungspapier ein. Mein Vater war enorm beeindruckt von ihrem Heroismus und ihrer Courage. Alles in allem hatte mein Vater einen ... ich wollte sagen „romantischen", aber in jedem Fall einen Riesenrespekt vor diesen Revolutionären. Insbesondere vor Bakunin, der, wie ich vermute, die größte Persönlichkeit von ihnen allen war. Ein Mann, der aus allen Gefängnissen Europas ausgebrochen ist.

Diese Sympathie für Sozialrevolutionäre hielt zeit seines Lebens an, was in Teilen die Ambivalenz erklärt, die er gegenüber Bolschewiken verspürte.

POLANYI-LEVITT: Ja, diese Sympathie hielt zeit seines Lebens an. Sie erklärt seine antagonistische Beziehung zu den russischen Sozialdemokraten, denen jene angehörten, die letztendlich zur Mehrheitsfraktion der Bolschewiki wurden.

Ihr Vater war bereits als Student politisch aktiv, richtig?

POLANYI-LEVITT: Ja, er war Gründungspräsident einer studentischen Bewegung, die unter dem Namen Galileo Circle bekannt war und deren Zeitschrift *Szabad Gondolat* hieß, was so viel bedeutet wie „Freier Gedanke". Die Zeitschrift stellte sich gegen die Monarchie, gegen die Aristokratie und gegen das österreichisch-ungarische Kaiserreich. Es war keine sozialistische Bewegung, obwohl viele der an ihr Beteiligten Sozialisten waren. Die Bewegung inkludierte junge Leute aus den Gymnasien ebenso wie aus den Universitäten. Ich habe gelesen, dass bis zu 2000 Alphabetisierungskurse pro Jahr abgehalten wurden. Die zentrale Aufgabe war also Bildung.

Dann kam der Erste Weltkrieg.
POLANYI-LEVITT: Mein Vater war Kavallerieoffizier an der russischen Front. Die Situation war entsetzlich. Es war in gleichem Maße für die österreichisch-ungarischen wie für die russischen Truppen schrecklich. Er infizierte sich mit Typhus, einer furchtbaren Krankheit. Er erzählte mir einmal, er dachte, er würde sterben, als sein Pferd stolperte und ihn unter sich begrub, doch er erwachte in einem Militärkrankenhaus in Budapest.

Am Ende des Krieges kam es zur Ungarischen Revolution.
POLANYI-LEVITT: Die Ungarische Revolution von 1918 beendete den Krieg und resultierte im Herbst desselben Jahres in der Gründung der Ersten Republik mit Graf Károlyi als erstem Ministerpräsidenten. Das ist der Grund, warum sie üblicherweise als Astern- oder Herbstrosenrevolution bezeichnet wird – nach Blumen, die den Herbst kennzeichnen. Darauf folgte dann die kurzlebige Räterepublik, die im August 1919 endete, als sie in einer Gegenrevolution niedergeschlagen wurde und zahlreiche ungarische Intellektuelle, Aktivisten, Kommunisten, Sozialisten und Liberale zur Flucht ins Exil nach Wien zwang. Einschließlich meines Vaters.

Also Ihr Vater verließ Ungarn vor dem Ende der Revolution, richtig?
POLANYI-LEVITT: Ja, er verließ Ungarn vor dem Ende der Revolution.

Wie schätzte er die Ungarische Revolution ein?
POLANYI-LEVITT: Seine Haltung war ambivalent, so wie die vieler anderer auch. Ich denke, ursprünglich begrüßten die meisten die Bildung von Räten im ganzen Land. Aber als die Räte eine vollständige Nationalisierung der Wirtschaft beschlossen, denke ich, war das der Moment, in dem er ahnte, dass das Ganze ein böses Ende nehmen wird. Was in der Realität dann auch geschah.

Die Anführer der Kommunistischen Partei Ungarns flohen also von Budapest nach Wien?

POLANYI-LEVITT: Ja. Die Kommunistische Partei hatte im Exil zwei Anführer, Béla Kun und Georg Lukács. Es bestand eine gewisse Rivalität zwischen den beiden. Es gibt eine lustige Geschichte über meine Mutter, die das Jahr 1919 in Moskau verbrachte, wo sie – aufgrund ihrer sprachlichen Ausbildung und Fähigkeiten – in einem Büro mit Karl Radek arbeitete und das Treffen der Zweiten Kommunistischen Internationalen organisierte. Als sie nach Wien zurückkehrte, bekam sie die Aufgabe, finanzielle Unterstützung an die ungarischen Kommunisten zu überbringen, und zwar in Form eines Diamanten, der in einer Tube Zahnpasta versteckt war. Das Interessante daran war, dass sie diese an Lukács liefern sollte, da er als Sohn eines Bankers wohl als zuverlässiger eingeschätzt wurde als Kun.

Zu diesem Zeitpunkt kannten sich Ihre Mutter und Ihr Vater noch nicht, sie lernten sich erst im darauffolgenden Jahr, 1920, in Wien kennen.

POLANYI-LEVITT: Es war ein schicksalhaftes Treffen – in einer Villa, die von Wiener Unterstützern für ungarische Kommunisten und andere linke Emigranten zur Verfügung gestellt wurde. Sie war der Liebling dieser Gruppe von jungen Männern. Von denen hatte – meiner Mutter zufolge – niemand damit gerechnet, dass sie sich von einem Mann angezogen fühlen könnte, der zehn Jahre älter war als sie, einem Mann, dessen Leben so erschien, als würde es bereits hinter ihm liegen, der deprimiert war und in einer Ecke Notizen kritzelte.

Die beiden waren sehr unterschiedliche Charaktere. Sie war mehr Aktivistin, er mehr Intellektueller, die eine verbrachte ihre Zeit in den Schützengräben, der andere im Studierzimmer.

POLANYI-LEVITT: Ja und nein. Wo auch immer mein Vater lebte, er war stets involviert in die Dinge, die dort vor sich gingen. Er schrieb Artikel für die Öffentlichkeit, für alle, die es interessierte, was er zu sagen hatte. Er veröffentlichte überall, wo er seine Texte publizieren konnte, in Ungarn, in Wien und auch in England. Er beschäftigte sich also wahrlich mit der Gegenwart. Er war ein Intellektueller, ja, aber keiner mit einer Obsession, die er pflegte, mit keiner immer gleichen Idee, die er von Ort zu Ort mit sich trug. Nein, nein. Überhaupt nicht. Meine Mutter begann ihren Aktivismus tatsächlich mit einer profilierten Beteiligung als herausragende junge Frau in der Ungarischen

Revolution; in einem gewissen Sinne gab es nichts Vergleichbares in ihrem restlichen Leben. Und es umgab sie eine gewisse Traurigkeit. Wissen Sie, wenn man in sehr jungem Alter das erreicht, was man wirklich anstrebt – was in ihrem Falle hieß, eine offensichtlich wichtige Rolle in der Geschichte und der kommunistischen sozialistischen Bewegung zu spielen – was auch immer man dann für den Rest des Lebens tut, es kann diesem Erfolg nicht das Wasser reichen.

Beide hatten also ihre traurigen Erfahrungen, aber dann, 1923, passierte etwas sehr Besonderes. Sie wurden geboren! Das hat Ihre Eltern richtiggehend verjüngt.

POLANYI-LEVITT: Ja, meinem Vater zufolge half ihm meine Geburt aus der Depression, was, wie alle solche Dinge, eine sehr private Erfahrung war. Nichtsdestoweniger schrieb er sehr viel darüber. Er schrieb darüber, was – seines Erachtens nach – die Verantwortung seiner Generation war, aufgrund all der schrecklichen Dinge, die passiert waren, insbesondere des schrecklichen und sinnlosen Kriegs. Er schrieb viel über den Ersten Weltkrieg, darüber, wie wenig dieser Krieg wirklich veränderte. Es war, meinem Vater zufolge, niemals richtig klar, worum es dabei wirklich ging. Es war nichts als ein schreckliches Massaker. Eine menschliche Katastrophe. Er machte seine Generation dafür verantwortlich. Und dieses Gefühl der Verantwortung, der sozialen Verantwortung für den Zustand der Welt, für den Zustand des Landes – ich frage mich, ob das ein Kennzeichen dieser Generation war und ob dieses Gefühl der Verantwortung heute verschwunden ist. Gibt es immer noch Menschen – Intellektuelle inkludiert –, die ein Verantwortungsgefühl unserer Gesellschaft gegenüber haben, in der Weise wie mein Vater und viele seiner Generation es hatten?

Es war mit Sicherheit und aus unterschiedlichen Gründen eine sehr besondere Generation. Einer der Gründe war das Rote Wien, der sozialistische Wiederaufbau Wiens von 1918 bis 1933 – eine Zeit, die Ihr Vater in Wien verbrachte.

POLANYI-LEVITT: Ja, das Rote Wien war eine herausragende Episode in der Geschichte – ein bemerkenswertes Experiment städtischen Sozialismus. Es war tatsächlich eine Situation, in der Arbeiter und Arbeiterinnen sozial privilegiert waren – hinsichtlich Leistungen und dem wunderbaren sozialen Wohnbau; der Karl-Marx-Hof ist natürlich das herausragendste Beispiel. Aber es war nicht nur das. Die Atmosphäre und das kulturelle Niveau waren außergewöhnlich, gekennzeichnet durch den Umstand, dass jemand wie Karl Polanyi, der keinen Status hatte und an keiner Universität angestellt war, öffentliche Vorträge zu Sozialismus und anderen Thematiken abhielt. Er hatte die Möglichkeit, in einem einschlägigen Wirtschaftsjournal das marktorientierte Denken von Ludwig von Mises herauszufordern. Mises reagierte darauf und mein Vater antwortete. Es gab außerhalb der Universität, in der Gesellschaft ein intellektuelles Leben.

Woran können Sie sich aus dieser Zeit erinnern?

POLANYI-LEVITT: Ich war ein Kind, aber ich erinnere mich an wunderbare Sommercamps an den wunderschönsten Seen in Salzburg, die von der sozialistischen Bewegung organisiert wurden. Die Leute kamen aus der ganzen Welt, um das Rote Wien zu sehen, als Beispiel für moderne Stadtplanung in ihrer besten Form. Obwohl meine Eltern keine starke Zuneigung zur Sozialdemokratie hatten, räumten sie später ein, dass diese Jahre im Roten Wien bemerkenswert und wertvoll waren. Es war das einzige Mal, dass ich meine Mutter etwas Lobendes über die Sozialdemokratie sagen hörte. Mein Vater war gegenüber der Sozialdemokratie auch kein großer Enthusiast.

1922 schrieb Ihr Vater seinen berühmten Artikel zu sozialistischer Kalkulation, was in gewissem Sinne eine Lobeshymne auf eine andere Vision des Sozialismus ist – nämlich auf den Gildensozialismus – der auch vom kommunalen Sozialismus des Roten Wien geprägt war.

POLANYI-LEVITT: Na ja, zu dieser Zeit gab es kein Land auf der ganzen Welt, das ein sozialistisches Wirtschaftssystem hatte. Russland kam gerade aus einem brutalen Bürgerkrieg, es gab also intellektuelle Debatten über die Möglichkeit, eine sozialistische nationale Wirtschaft zu organisieren. Mises gab den Startschuss. Er war es, der einen Artikel schrieb, demzufolge dies nicht möglich war, denn ohne einen Markt, der die Preise vorgibt, gebe es keinen rationalen Weg, Ressourcen zu verteilen. Ich bin mir sicher, dass die meisten Ökonominnen und Ökonomen mit diesem Argument vertraut sind. Und dann hat Polanyi dies mit dem Konzept des „associational cooperative socialism“ herausgefordert, das teilweise auf Überlegungen von Otto Bauer und G.D.H. Cole basiert.

Wie sah Ihr Vater während seiner Zeit in Wien die Russische Revolution von 1917?

POLANYI-LEVITT: Zunächst muss festgehalten werden, dass die Russische Revolution 1917 – die Februarrevolution – den Krieg beendete. Seiner Ansicht nach war das wundervoll, denn wie beinahe jeder in Ungarn wollte auch er, dass der Krieg endet. Der Krieg wurde allgemein missbilligt, die Revolution beendete ihn. Deswegen war die Revolution anfänglich sehr willkommen.

Wie war das mit der Oktoberrevolution?

POLANYI-LEVITT: Polanyi betrachtete beide, die Februar- und die Oktoberrevolution, als bürgerliche Revolutionen. Das waren die letzten Wellen der Französischen Revolution, die Europa durchquerten und die letztendlich auch das rückständigste Land erreicht hatten: Russland. So sah es mein Vater.

Die wahre Revolution kommt später mit den Bewegungen mehr in Richtung Kollektivierung und Fünfjahrespläne?

POLANYI-LEVITT: Ja. Ich denke, er würde sagen, dass der Sozialismus erst mit dem Fünfjahresplan nach 1928 oder 1929 kam. Zuvor war Russland ein überwiegend bäuerliches Land. In einem kürzlich aufgetauchten, 1940 verfassten Artikel schreibt er über Russlands internes Dilemma. Vereinfacht gesagt: Die Arbeiterklasse, die die Basis der Kommunistischen Partei war, kontrollierte die Städte und war von den Bauern abhängig, die die Lebensmittelversorgung im ländlichen Bereich kontrollierten. Aber dann gab es auch noch ein externes Dilemma: Es war für russische Bauern nicht möglich, ihr Getreide – der wesentliche Exportrohstoff Russlands zu dieser Zeit – zu exportieren, da die internationalen Märkte in der Großen Depression zusammengebrochen waren. Dies hat zu der Entscheidung beigetragen, die beschleunigte Industrialisierung der rückständigsten Staaten Europas zu übernehmen, und zwar als sozialistisches Projekt der Verstaatlichung – nicht nur der Industrie, sondern auch der Landwirtschaft.

Ist das nicht paradox? Bisher sprach Polanyi unterstützend über die Sozialrevolutionäre und ihre Idee einer partizipativen Demokratie, nun klingt es, als würde er den Stalinismus befürworten.

POLANYI-LEVITT: Ja. Aber, wie viele andere herausgestrichen haben, war das Leben meines Vaters sehr kontextgebunden. Genau das, was diese Perspektive so attraktiv macht – und manchmal auch widersprüchlich –, ist, dass sie nicht von einem singulären Prinzip ausgeht. Sie geht von Situationen und deren Möglichkeiten aus. Da hätten wir die erste Polarität: Realität und Freiheit. Was ist die reale Situation und was sind die Möglichkeiten, die Russland zu dieser Zeit hatte? Da passiert eine Revolution, angeführt von einer proletarischen Partei, aber die Bauern wollen nicht verstaatlicht werden, sie wollen das Land besitzen. Und das taten sie auch. Sie hatten große Macht, da sie die Lebensmittelversorgung kontrollierten. Und dann gab es noch eine international polarisierende Situation, den folgenden Faschismus der 1930er-Jahre. In England war mein Vater zuerst ein Befürworter der Sowjetunion, aber das ist im Kontext des drohenden Konflikts mit der deutschen Expansionspolitik und dem Nationalsozialismus zu sehen.

Ihr Vater hat Wien dann 1933 verlassen.

POLANYI-LEVITT: Ja, er verließ Wien aufgrund des drohenden Faschismus. Es gab eine Entscheidung des Redaktionskomitees der berühmten Zeitschrift *Der Österreichische Volkswirt,* bei der mein Vater zu diesem Zeitpunkt einer der Herausgeber war, dass Polanyi nach England gehen sollte, da die politische Situation unsicher war. Sein Englisch war exzellent und er hatte gute Kontakte. Also ging er 1933 nach England. Er veröffentlichte weiterhin Artikel im *Volkswirt,* bis die Zeitschrift 1938 eingestellt wurde. Wir gingen nicht als Familie nach England. Mein Vater ging 1933, ich wurde 1934 nach England geschickt, wo ich mit sehr engen Freunden lebte, Donald und Irene Grant, die wir aus Wien gut kannten. Sie waren christliche Sozialisten, die in Großbritannien für die christliche Studentenbewegung, das Student Christian Movement of Britain, arbeiteten und verarmten Nachkriegsösterreichern Hilfe anboten. So lernten wir sie kennen und ich lebte bei ihnen. Meine Mutter folgte uns 1936, zwei Jahre später.

Was tat Ihr Vater in England?

POLANYI-LEVITT: Als er 1933 ankam, hatte er keine fixe Anstellung. Seine Unterstützer vor Ort waren Betty und John MacMurray und die Grant-Familie, wie gesagt Mitglieder der sogenannten Christlichen Linken. Die meisten waren Protestanten, es gab auch Kommunisten unter ihnen. Mein Vater schrieb einen wichtigen Essay über das Wesen des Faschismus als Angriff auf christliche Werte. Er erschien im von ihm mitherausgegebenen Buch „Christianity and the Social Revolution". Mein Vater leitete außerdem eine Studiengruppe seiner englischen christlichen Freunde, die sich mit den zwei Bänden des Marx'schen Frühwerks auseinandersetzte, unter anderem der „Deutschen Ideologie" und den berühmten „Pariser Manuskripten", die 1932 gerade veröffentlicht worden waren. Während er ihnen vorlas, übersetzte er es für sie ins Englische. Er war von diesen Arbeiten sehr begeistert. Ich erinnere mich an seine Zustimmung. Ich nenne das Marx'sche Frühwerk den gemeinsamen Ausgangspunkt von Marx und Polanyi.

Er sagt es selbst so in „The Great Transformation". Was unterrichtete er in England sonst und wie hat England sein Denken beeinflusst?

POLANYI-LEVITT: Es war erst 1937, als Karl eine Anstellung bei der Workers Education Association (WEA) erhielt, einer sehr großen und alten Erwachsenenbildungsbewegung. In England ist sie an das Ruskin College angeschlossen, das Menschen aus der Arbeiterklasse, die keine Universität besuchen konnten, die Möglichkeit bot, Weiterbildung zu erhalten. Mein Vater bekam die Möglichkeit, in den beiden englischen Kleinstädten Kent und Sussex zu unterrichten. Da er dort bei Familien übernachtete, lernte er das Leben der Arbeiterklasse hautnah kennen. Er war schockiert über die Lebensbedingungen und, um ehrlich zu sein, das niedrige kulturelle Niveau, das er dort vorfand. Im Vergleich zur Wiener Arbeiterklasse war die englische kulturell ärmer, obwohl Österreich ein in finanzieller Hinsicht weitaus ärmeres Land war als Großbritannien. Das Fach, das er unterrichten sollte, war englische Sozial- und Wirtschaftsgeschichte, wovon er so gut wie nichts wusste. Es war eine Zeit des Selbststudiums für ihn. Wer die letzten Seiten des Buches „The Great Transformation" anschaut, sieht die enorme Bandbreite von Studien, die er unternahm. Es ist ähnlich wie bei Marx' Grundrissen, die interessanterweise auf ähnlichen Autoren aufbauen – Ricardo, Malthus und anderen –, die über die frühe Industrielle Revolution schrieben. Meine Mutter schrieb in dem Vorwort zu seinem post mortem veröffentlichten Buch „The Livelihood of Man", Karls unverrückbarer Hass auf die Marktgesellschaft, die Menschen ihrer Menschlichkeit beraubt, habe in England seine Wurzeln geschlagen. So hat sie es ausgedrückt. Polanyi hat in England das Klassensystem entdeckt. Es beruhte auf Unterschieden im Sprachgebrauch, und er beschrieb es als vergleichbar mit dem Kastensystem in Indien und der Rassendiskriminierung in den Vereinigten Staaten.

1940 wurde Karl Polanyi eingeladen, Vorlesungen am Bennington College in den USA zu halten.

POLANYI-LEVITT: Ja, in Bennington erhielt er ein zweijähriges Forschungsstipendium von der Rockefeller Foundation, um „The Great Transformation“ zu schreiben. Er bekam Unterstützung von Benningtons Präsidenten, aber er unterstand der Rockefeller Foundation. Was auch immer er ihnen zum Lesen gab, sie mochten es nicht. Sie hatten große Zweifel an seiner Eignung für eine Universität. Sie meinten, er wäre tatsächlich mehr interessiert – und das ist als Abfuhr zu verstehen – an „ungarischem Recht, college lecturing und Philosophie“. Die Aussage, dass er mehr an Philosophie interessiert sei, war eine totale Herabwürdigung. Nichtsdestoweniger verlängerten sie das Forschungsstipendium. Am Ende der zwei Jahre – wir befinden uns jetzt im Jahre 1943 – wollte mein Vater unbedingt nach England zurückkehren. Er wollte nicht in den USA bleiben. Er wollte sich an den Nachkriegsplänen für England beteiligen. Zu diesem Zeitpunkt hatte die Schlacht um Stalingrad dem Krieg eine Wende gegeben; es war abzusehen, dass die Alliierten den Krieg gewinnen würden. Mein Vater ließ die beiden vorletzten Kapitel von „The Great Transformation“ unvollendet. Wenn man genau liest, ist zu erkennen, dass diese beiden Kapitel Spuren von Unvollständigkeit zeigen. Nicht das letzte Kapitel, aber die beiden davor. Ich denke, wenn er in den USA geblieben wäre, um das Buch zu vollenden, wäre der Entwurf seines projektierten Buches „Common Man’s Masterplan“ in diese beiden Kapitel eingeflossen – zumindest Teile davon. Er ließ den Entwurf bei Kollegen. Es gab viel Streitigkeiten und Disput um diese beiden vorletzten Kapitel.

Er kehrte aber in die USA zurück, um an der Columbia University zu unterrichten. Da es Ihrer Mutter aber nicht gestattet war, in den USA zu leben, landeten sie schlussendlich in Kanada.

POLANYI-LEVITT: Die andere Möglichkeit wäre gewesen, in England zu bleiben, dort hätte mein Vater weiterhin für die WEA arbeiten können. Aber es war klar, dass mein Vater etwas zu sagen hatte. Er hatte ein Buch zu schreiben und auch sonst viel zu tun. Und es war abzusehen, dass er an keiner Universität in England eine Anstellung bekommen würde. Das war eindeutig. Und 1947 kam das Angebot von Columbia, und zwar aufgrund des Buches „The Great Transformation". Das Vorwort stammte von Robert MacIver von der Columbia University, der in wirtschaftlichen Kreisen für seinen Institutionalismus bekannt ist, welcher – in einem gewissen Sinne – Polanyis Ansatz ähnelt. In London war Ilona das Einreiseverbot in die USA mitgeteilt worden, was ein großes Problem darstellte. Mein Vater war sehr, sehr aufgebracht. Er wollte, dass sie die Amerikaner davon überzeugte, ihre Meinung zu ändern, aber sie weigerte sich. Sie meinte, das sei nicht möglich. Also schlug mein Vater vor, dass sie in Kanada leben könnten, und letztendlich überzeugte er sie davon, dass dies eine praktikable Lösung war. Meine Mutter richtete am Stadtrand von Toronto in einer ländlichen Umgebung ein wunderschönes kleines Zuhause für sie ein. Das war 1950. Er pendelte wie ein Student nach New York und kam zu Weihnachten, Ostern und in den Sommerferien nach Hause. Als er dann 1953 in Pension ging, verbrachte er mehr Zeit in Kanada. Seine Studenten und Studentinnen und viele andere besuchten ihn regelmäßig.

Und seine Forschung nahm eine neue Richtung an, er interessierte sich vermehrt für Anthropologie. Aber ich befürchte, das ist eine andere Geschichte für eine andere Unterhaltung. Vielen Dank für diese wundervolle Darstellung von Karl Polanyis Leben, für diesen tiefen Einblick in die außergewöhnliche Vorgeschichte der „Great Transformation". Ich denke, wir verstehen jetzt besser, wie dieses Buch als Produkt sehr spezifischer Erfahrungen im 20. Jahrhundert gesehen werden kann und warum es auch heute noch von großer Bedeutung ist.

Das Gespräch wurde auf der Konferenz „A Great Transformation? Global Perspectives on Contemporary Capitalism" (10.–13.1.2017, Johannes-Kepler-Universität Linz) geführt und ist im engl. Original veröffentlicht in: Global Dialogue GD 7.4 http://globaldialogue.isa-sociology.org/shaping-the-great-transformation-a-conversation-with-kari-polanyi-levitt/.

Übersetzung aus dem Englischen: Johanna Grubner, JKU Linz und Global Dialogue.

FREIHEIT IN EINER BEDROHTEN GESELLSCHAFT

Was sagt uns der originelle Denker Karl Polanyi wirklich? Ein kurzer Grundriss seines Denkens erhellt die Aktualität dieses Sozialwissenschaftlers

MICHAEL BRIE UND CLAUS THOMASBERGER

Karl Polanyi ist einer der einflussreichsten Sozialwissenschaftler unserer Epoche. Sein bekanntestes Werk, „The Great Transformation", gilt als einer der Klassiker des 20. Jahrhunderts. Begriffe wie „Einbettung der Wirtschaft in die Gesellschaft", „fiktive Güter", „Selbstregulierung des Marktsystems", „Doppelbewegung" und „Große Transformation" sind weder aus den Diskursen der Wirtschaftsanthropologie und Geschichtswissenschaften noch aus jenen der Soziologie, der Rechts- und der Politikwissenschaften wegzudenken. Spätestens mit der Finanz- und Wirtschaftskrise 2007–2009 wurde Polanyi zu einem unverzichtbaren Bezugspunkt auch in der breiten öffentlichen Diskussion. Sehr viele, die dem neoliberalen Projekt sowie der antiliberalen Rechten kritisch gegenüberstehen, orientieren sich an seinen Schriften. Der Wissenschaftliche Beirat der (deutschen) Bundesregierung Globale Umweltveränderungen (WBGU) griff explizit auf Polanyis Arbeiten zurück, um die Forderung eines neuen „Gesellschaftsvertrags für eine Große Transformation" zur Begrenzung des Klimawandels zu stützen. Es war nicht zufällig, dass der UNCTAD-Handels- und Entwicklungsbericht die aktuelle Situation „Polanyi-Periode" taufte. Eine zunehmende Zahl von Konferenzen beschäftigt sich mit Karl Polanyis Analysen. Im Mai 2018 wurde in Wien die International Karl Polanyi Society gegründet.

Die Aktualität von Polanyis Denken erklärt sich vor allem dadurch, dass die zentralen Konfliktlinien unserer Epoche jenen Spannungen überraschend ähnlich sind, die Polanyi in seinen Studien über den Aufstieg, die Transformation und den Fall der europäischen Marktgesellschaften offenlegte. Der bekannte amerikanische Journalist und Schriftsteller Robert Kuttner bezog sich auf diese Parallelen. Er erinnerte an die jüngste Schwächung des Wohlfahrtsstaates und die Aushöhlung der Demokratie und hob hervor: „Wir waren schon einmal hier gewesen. In der Zeit zwischen den beiden Weltkriegen versuchten marktwirtschaftliche Liberale, die Großbritannien, Frankreich und die USA regierten, das Laissez-faire-System aus der Zeit vor dem Ersten Weltkrieg wiederherzustellen. (...) Das Ergebnis war ein Jahrzehnt der wirtschaftlichen Unsicherheit, das mit Depressionen, einer Schwächung der parlamentarischen Demokratie und einem faschistischen Rückschlag endete. (...) Der große Prophet, der zeigte, wie die Marktkräfte zu einer extremen Zerstörung sowohl der Demokratie als auch einer funktionierenden Wirtschaft führen, war nicht Karl Marx, sondern Karl Polanyi." Polanyis Bedeutung liegt aber vor allem darin, dass er ein Suchender war. Insbesondere war es eine Leitfrage, die er sein Leben lang verfolgte: die Frage der Freiheit in einer komplexen, technologisierten Gesellschaft.

Sicher, die Gefahren eines entfesselten Marktsystems spielten in seinem Denken eine zentrale Rolle. Er analysierte – wie keiner vor und lange Zeit keiner nach ihm – die Konsequenzen der Warenfiktion für Mensch und Umwelt. Und er warnte vor den Einschränkungen der persönlichen Freiheit, der „lähmenden Arbeitsteilung, der Normierung des Lebens, der Vorherrschaft des Mechanismus über den Organismus, der Organisation über die Spontaneität", die eine Industriezivilisation, die sich auf die Kommodifizierung und Finanzialisierung immer neuer Lebensbereiche stützt, mit sich bringen würde.

Die Originalität von Polanyis Beiträgen aber liegt darin begründet, dass er sich nie der Illusion hingab, dass soziale Protektion die Probleme einer technologischen Zivilisation würde lösen können. Nicht der „eingebettete Liberalismus" (wie John Gerard Ruggie die „goldene Phase des Kapitalismus" der Nachkriegsperiode nennen sollte) war sein Ziel, sondern die Überwindung der Grenzen einer Gesellschaft, die in der Dialektik von Marktausweitung und gesellschaftlicher Protektion gefangen blieb. In seinen Augen war es diese Doppelbewegung selbst, die die persönliche Freiheit, den gesellschaftlichen Fortschritt, ja schließlich die westliche Zivilisation in ihrer Gesamtheit bedrohte. Polanyis Geschichte ist keine, in der die Guten, die Prinzipien der sozialen Protektion hochhaltend, gegen den bösen Wirtschaftsliberalismus kämpften. Die Übel hatten ihre Wurzeln auf beiden Seiten.

Deshalb lassen sich Polanyis Arbeiten nicht auf eine Kritik des ungezügelten Kapitalismus reduzieren. Das Bild eines „gigantischen elastischen Bandes", das entweder reiße und so den Kapitalismus in den Abgrund stürze oder in eine sozialstaatlich eingebettete Position zurückschwinge, verkennt die Tiefe der Analysen Polanyis; ebenso die Zeichnung der Geschichte des Kapitalismus als einer Pendelbewegung zwischen Markt und Demokratie. Indem Polanyi den historischen Charakter der Doppelbewegung unterstrich, trat er allen Ideen eines „Endes der Geschichte" entgegen. Der liberale Kapitalismus war für ihn eine historisch begrenzte Epoche, eine „erste Reaktion des Menschen auf die Industrielle Revolution".

Wir sind heute in vielen Ländern erneut mit der Tatsache konfrontiert, dass es den antiliberalen Kräften besser als den linken und fortschrittlichen Kräfte gelingt, relevante Bevölkerungsteile für sich zu gewinnen. Das wirft Fragen auf, zu deren Beantwortung Polanyis Interpretation des historischen Charakters der Doppelbewegung einen wichtige Beitrag liefern kann. Denn sein Blick lenkt die Aufmerksamkeit auf Versprechungen, die liberale Politikerinnen und Politiker gaben, dann aber, als deren Einlösung das wirtschaftliche Wachstum, die internationale Wettbewerbsfähigkeit oder gar die Stabilität des internationalen Systems zu gefährden drohte, nicht einhielten. Schon in der Wirtschafts- und Finanzkrise 2007–2009 wurde, als es darauf ankam, der Rettung „des Systems" (einschließlich der großen Finanzinstitutionen) Vorrang vor der Sicherung der Lebensbedürfnisse der Bürgerinnen und Bürger eingeräumt. Tatsächlich haben in offenen Märkte zwar viele gewonnen, es haben aber, entgegen wohlklingenden Ankündigungen, auch viele verloren. Polanyi macht deutlich, dass es hier um mehr geht als um Interessen und politischen Willen. Es geht um die Unvereinbarkeit einer kapitalistischen Marktgesellschaft mit den Grundbedürfnissen eines Lebens in Freiheit und sozialer Sicherheit, in Demokratie und im Einklang mit der irdischen Natur. In „The Great Transformation" hieß es hoffend: „Nach einem Jahrhundert blinder ‚Verbesserung' geht der Mensch daran, seine ‚Behausung' wieder herzustellen."

Polanyi fragte dort weiter, wo die meisten Kritiker marktfundamentalistischer Positionen stehen bleiben. Er ging den Implikationen der zweifachen Erkenntnis auf den Grund, dass die protektive Gegenbewegung a) notwendig wie auch b) mit den Prinzipien des Marktsystems letztendlich unvereinbar war. Nur die Berücksichtigung dieses Dilemmas erlaubt, so seine Überzeugung, ein Verständnis der Ursachen zu entwickeln, an denen die europäische Marktgesellschaft des 19. Jahrhunderts schließlich scheiterte. „Die Maßnahmen zum eigenen Schutz", die diese Gesellschaft ergriff, so die Warnung gleich in den einleitenden Absätzen von „The Great Transformation", „führten zu einer Desorganisation der industriellen Entwicklung (...). Dieses Dilemma (...) zerrüttete schließlich die darauf beruhende Gesell-

schaftsstruktur" und bereitete den Weg für die faschistische Revolution. Der Faschismus war für Polanyi kein Teil der Gegenbewegung. Er folgte, als diese ihr Ende gefunden hatte. Sozialismus bedeutete für Polanyi eine Alternative zum Liberalismus, die – im geraden Gegensatz zum Faschismus – die menschliche Freiheit nicht zerstören, sondern auf eine neue, demokratische Grundlage stellen würde. Eine solche sozialistische Gesellschaft würde des nachträglichen Schutzes nicht bedürfen, da die sozialen, die ökologischen, die menschlichen Ziele schon von vornherein bei der Gestaltung der Wirtschaft berücksichtigt würden. Der Markt würde „bewusst einer demokratischen Gesellschaft untergeordnet".

Polanyi hatte den Ersten wie den Zweiten Weltkrieg und die großen politischen und wirtschaftlichen Krisen der ersten Hälfte des 20. Jahrhunderts erlebt. Er hatte erfahren, dass die liberale Zivilisation ihr zentrales Versprechen, eine Gesellschaft der Freiheit zu sein, nicht realisieren konnte und in die faschistische Katastrophe mündete. Die Gesellschaft der Konkurrenz wurde zu einer Gesellschaft des „Rassenkampfes" und einer Eroberung der „Lebensräume". Diese wandelten sich zu Räumen der Vernichtung der „anderen". Eine Freiheit, die solche Resultate zeitigt, so Polanyi, kann nicht verantwortet werden. Wie er in einer Wiener Vorlesung von 1927 unter dem Titel „Über die Freiheit" ausführte: Wenn ich die Folgen meiner eigenen freien Entscheidungen nicht überschauen kann, wenn meine Freiheit untrennbar mit dem Leiden und dem Tod anderer verbunden ist,

dann ist die kapitalistische Gesellschaft „nicht nur ungerecht, sondern auch unfrei".

Um es vor dem Hintergrund heutiger Erfahrungen auszudrücken: Wenn ein Ferienflug dazu führen kann, dass durch die CO2-Emissionen ein Taifun so verstärkt wird, dass auch nur ein Mensch mehr umkommt – wie können wir dies verantworten? Wenn die Kleidung, die wir kaufen, der Kaffee, den wir trinken, das Fleisch, das wir essen, durch Umweltzerstörung und unwürdige Arbeit anderer „erkauft" ist, wie können wir dies akzeptieren? Wenn die globale Ungleichheit der Lebensbedingungen Menschen dazu treibt, hochriskante Wege zu wählen, um ein besseres Leben führen zu können, wie kann uns dies gleichgültig sein, nur weil es „uns" nicht direkt betrifft?

Polanyis Schlussfolgerung aus dieser existenziell unhaltbaren Situation einer Freiheit, die nicht verantwortet werden kann, ist die Aufforderung zu einer neuen „Großen Transformation". Polanyi formulierte die Hamlet-Frage von „Sein oder Nichtsein" um. Es gibt ihm zufolge nur die Alternative, „die Augen zu schließen vor dem wahren Zusammenhang von Menschenleben und Menschenleben und der Freiheit zu Gunsten irgendwelcher selbsterrichteter Mächte (für ihn sind dies die Märkte oder der Staat, Anm.) zu entsagen oder aber kühn der Wirklichkeit in die Augen zu sehen, um mit der neuen Verantwortung auch die Freiheit endgültig zu erringen". Dann würde die eigene Freiheit keine unüberschaubaren tödlichen Wirkungen mehr auf andere haben, sondern ihr Leben bereichern. Unter der Überschrift

„Freiheit in einer komplexen Gesellschaft" schreibt er in „The Great Transformation": „Soll der Industrialismus nicht zur Auslöschung der Menschheit führen, dann muss er den Erfordernissen der menschlichen Natur untergeordnet werden." Dies gilt unter den Bedingungen von „künstlicher Intelligenz" und „Industrie 4.0" sicherlich noch mehr als zu seiner Zeit.

Polanyi hat in seinen Schriften vor allem vier Richtungen skizziert, wie eine solche solidarische Große Transformation aussehen könnte: Erstens fordert er, die (neoliberale) Planung der Märkte durch eine soziale Planung von Reformen für mehr Freiheit zu ersetzen. Aus der Marktgesellschaft müsse eine solidarische Gesellschaft werden. Dazu aber müsse die Wirtschaft, statt primär den Marktgesetzen zu gehorchen, dem demokratischen Willen der Bürgerinnen und Bürger unterworfen werden. Er wendet sich strikt gegen den falschen Gegensatz von Freiheit und Planung: „Das Ende der Marktwirtschaft könnte den Anfang einer Ära nie dagewesener Freiheit bedeuten (...). Regelung und Kontrolle könnten die Freiheit nicht nur für die wenigen, sondern für alle verwirklichen."

Zweitens schlägt er vor, die Grundgüter der Wirtschaft, also die natürlichen Lebensbedingungen und Naturressourcen, die Arbeitskraft und das Geld, der Kontrolle durch die Märkte zu entziehen. Die Preise für die wirtschaftlichen Güter, die Bedingungen, zu denen sie verwertet werden dürfen, die Pflichten, die mit ihrer Nutzung verbunden sind, sollen gesellschaftlich geregelt werden. Polanyi will Märkte, aber keine sich selbst regulierende Marktwirtschaft. 1944 klang dies revolutionär: „Nicht nur die Arbeitsbedingungen in den Fabriken, die Arbeitszeit und die Vertragsbedingungen, sondern der Grundlohn selbst werden außerhalb des Marktes festgesetzt." Und das müsse auch für Grund und Boden, Grundnahrungsmittel und vor allem für den Kapitalverkehr und die Kreditvergabe gelten.

Drittens war Karl Polanyi ein Vordenker der Deglobalisierung. Darunter verstand er nicht das Ende von internationaler Arbeitsteilung oder von internationalem Warenaustausch. Aber er hatte die Erfahrung gemacht, was es heißt, wenn das Schicksal von Millionen Menschen von schwankenden Wechselkursen, fehlender Kreditwürdigkeit, unbarmherzigem Zwang zur Kürzung der Ausgaben für Bildung oder Gesundheit bestimmt wird. „Die hilflose Methode des Freihandels"

(Polanyi 2015, S. 124) sollte durch freiwillige Vereinbarungen verantwortlicher Regierungen ersetzt werden. Polanyi trat für die Schaffung großer gemeinsamer Wirtschaftsräume ein, in denen die notwendige Sicherheit und Kooperation demokratisch hergestellt werden können. Seine Losung dabei war: Regionale Planung der sozialen Reproduktion statt universeller (heute würden wir sagen: globaler) Kapitalismus.

Viertens hatte Polanyi eine klare Maxime: „Die persönliche Freiheit muss um jeden Preis bewahrt werden, auch um den Preis der Effizienz in der Produktion (...). Eine Industriegesellschaft kann es sich leisten, frei zu sein." Wie nur wenige vor oder nach ihm war Polanyi der festen Überzeugung, dass Freiheit der Einzelnen und demokratische Diskussion, Planung und Kontrolle untrennbar zusammengehören. Keine Freiheit ohne Verantwortung, keine Verantwortung ohne Freiheit! Das Wie der Verbindung dieser Pole sollte in einem ständigen experimentellen Suchprozess erfolgen, in Abhängigkeit von der Kultur des Landes, der Region und Kommune, von den sehr verschiedenen konkreten Bedingungen.

Karl Polanyi hat nicht zuletzt den heutigen Sozialwissenschaftlerinnen und Sozialwissenschaftlern eine Botschaft hinterlassen. Sie sollten sich nicht in die Welt abstrakter Theorien zurückziehen, sondern sich am Realismus der Bürgerinnen und Bürger ihrer Gesellschaften orientieren. Sie würden die wichtigsten Fragen stellen, von denen in der Wissenschaft auszugehen sei. Die Wissenschaft könne weder vorgeben, was getan werden solle, noch dürfe sie entscheiden, wie es getan werde. Sie könne nur beratend wirken und über mögliche Folgen aufklären. Er selbst wollte zu einer Revolution der Wirtschafts- und Sozialwissenschaften beitragen, die hilft, Wege hin zu einer Gesellschaft zu finden, wo ein Höchstmaß an Freiheit mit dem notwendigen Maß an solidarischer Verantwortung verbunden werden kann und die Institutionen der Wirtschaft oder des Staates den Lebensbedürfnissen der Menschen und den Erfordernissen der Natur untergeordnet sind. Die, die heute nach einem solidarischen Finanzsystem suchen, nachhaltige regionale Wirtschaftsformen gestalten, eine Care-Revolution proklamieren, sich für die Commons engagieren, vom Ökosozialismus sprechen, eine neue Weltwirtschaftsordnung fordern, sie alle sind, ob sie es wissen oder nicht, geistige Kinder Karl Polanyis.

Referenzen

Beckert, Jens (2007), The Great Transformation of Embeddedness: Karl Polanyi and the New Economic Sociology, Köln: Max Planck Institute.

Block, Fred (2001), Introduction. In: Karl Polanyi: The Great Transformation, Boston: Beacon Press, xviii–xxxix.

Brie, Michael (Hg., 2014), Futuring. Perspektiven der Transformation im Kapitalismus über ihn hinaus. Westfälisches Dampfboot (downloadbar).

Brie, Michael (2015), Polanyi neu entdecken. VSA (downloadbar).

Brie, Michael (Hg., 2015a), Mit Realutopien den Kapitalismus transformieren? Beiträge zur kritischen Transformationsforschung 2. VSA (downloadbar).

Brie, Michael (Hg., 2015b), Lasst uns über Alternativen reden. Beiträge zur kritischen Transformationsforschung 3. VSA (downloadbar).

Brie, Michael/Lutz Brangsch (2016), Das Kommunistische. Ein Gespenst kommt nicht zur Ruhe. VSA (downloadbar).

Brie, Michael (2017), Lenin neu entdecken. Zur Dialektik der Revolution & Metaphysik der Herrschaft. VSA (downloadbar).

Brie, Michael/Claus Thomasberger (Eds., 2018), Karl Polanyi's Vision of a Socialist Transformation. Montreal: Blackrose.

Brie, Michael (2018a), Foreshadowing of the Future in the Critical Analysis of the Present. In: Judith Dellheim/Frieder Otto Wolf (Eds.): The Unfinished System of Karl Marx. Critically Reading Capital As a Challenge for our Times. New York: Palgrave Macmillan, 331–358.

Brie, Michael (2018b), Das „Kapital" – Zukunftswissenschaft zu praktischen Zwecken. In: Rainer Lucas/Reinhard Pfriem/Claus Thomasberger (Hg.): Auf der Suche nach dem Ökonomischen – Karl Marx zum 200. Geburtstag. O. O.: Metropolis, 437–468.

Gills, Barry K. (2008), The Swinging of the Pendulum: The Global Crisis and Beyond. In: Globalizations, Vol. 5(4), 513–522.

Kuttner, Robert (2017), The Man from Red Vienna. In: The New York Review of Books, Vol. 64(20).

Mason, Paul (2009), Meltdown. London, New York: Verso.

Polanyi, Karl (1978 [1944]), The Great Transformation. Frankfurt am Main: Suhrkamp.

Polanyi, Karl (1979 [1947]). Unser obsoletes marktwirtschaftliches Denken. In: Ders., Ökonomie und Gesellschaft. Frankfurt am Main: Suhrkamp, 129–148.

Polanyi, Karl (2005 [ca. 1927]), Über die Freiheit. In: Michele Cangiani/Kari Polanyi-Levitt/Claus Thomasberger (Hg.), Chronik der großen Transformation: Artikel und Aufsätze (1920–1945), Bd. 3. Marburg: Metropolis, 137–170.

Polanyi, Karl (2015), Der Masterplan des einfachen Bürgers. In: Michael Brie (Hg.), Polanyi neu entdecken. Hamburg: VSA, 116–135.

Ruggie, John G. (1982), International Regimes, Transactions, and Change: Embedded Liberalism in the Postwar Economic Order. In: International Organization, Vol. 36(2), 379–415.

Streeck, Wolfgang (2013), Gekaufte Zeit. Berlin: Suhrkamp.

Streeck, Wolfgang (2017), How Will Capitalism End? London, New York: Verso.

UNCTAD (2016), Trade and Development Report. New York, Geneva: United Nations (abrufbar unter: http://unctad.org/en/PublicationsLibrary/tdr2016_en.pdf).

WBGU (2011), Welt im Wandel. Gesellschaftsvertrag für eine große Transformation. Berlin: Wissenschaftlicher Beirat der Bundesregierung Globale Umweltveränderungen Fragen aus dem Nebelland der Zukunft. Texte zum 200. Geburtstag von Karl Marx (downloadbar).

REBELLIN VON GEBURT, UNBEUGSAM EIN LEBEN LANG

Ilona Duczyńska Polanyi, Revolutionärin und Widerstandskämpferin, suchte in Texten und politischen Aktivitäten zeitlebens Sozialismus und Pluralismus, politische Radikalität und Humanismus zu verbinden

VERONIKA HELFERT

Ilona Duczyńska Polanyi (1897–1978) gehört zu jenen politisch aktiven Frauen, die dank ihrer journalistischen Arbeiten und ihres öffentlichen Engagements Bekanntheit genossen haben. Dennoch steht sie in der heutigen Rezeption oftmals im Schatten ihres zweiten Ehemanns, Karl Polanyi, für dessen Arbeiten sich in den letzten Jahren vermehrt Soziologie, Ökonomie und Geschichtswissenschaft interessieren. Duczyńska war nicht nur Revolutionärin und Widerstandskämpferin, sondern auch eine engagierte Publizistin und Historikerin, die sich zeit ihres Lebens mit der Frage auseinandersetzte, wie eine freie sozialistische Gesellschaft erreicht werden kann, ohne sich dabei selbst durch Diktatur und Gewalt zu korrumpieren.

Angesichts des Gedenkjahres 2018, in dem wir an das Revolutionsjahr 1848 ebenso erinnern wie an die Gründung der Ersten Republik, den sogenannten Anschluss an das nationalsozialistische Deutsche Reich sowie den gesellschaftspolitischen Aufwind von 1968, ist es an der Zeit, ihr Leben und Werk ins Gedächtnis zu rufen.

Geboren 1897 in Maria Enzersdorf, wuchs Duczyńska in Wien und auf dem Landgut ihrer Familie in Magyargencs (Ungarisch-Gentschdorf, Komitat-Eisenburg), Ungarn, auf. Sie stammte aus einer verarmten großbürgerlichen und adligen Familie – die Mutter ungarische

Gutsbesitzerstochter, der Vater polnischer „aristokratischer Anarchist“, wie sie ihn einmal nannte.

Beide Seiten konnten revolutionäre Vorfahren vorweisen: Väterlicherseits waren diese angeblich am polnischen Aufstand von 1830/31 gegen den russischen Zaren beteiligt, mütterlicherseits an den ungarischen Befreiungskriegen und der Revolution von 1848/49. Die junge Ilona Duczyńska nahm dieses rebellische Erbe ernst, sog Autoren wie Georg Büchner oder August Bebel in sich auf und musste prompt 1914 aufgrund ihrer Antikriegseinstellung die Schule, ein Internat im bayerischen Fulda, verlassen.

1915 legte sie die Matura als Privatistin ab und schrieb sich an der Technischen Hochschule in Zürich ein. Zürich war im Ersten Weltkrieg ein wichtiger Knotenpunkt von sozialistischem und friedensbewegtem Aktivismus. Die Studentin kam dort mit so zentralen Protagonistinnen und Protagonisten wie Angelica Balabanova, 1919 Sekretärin der Kommunistischen Internationale, oder dem polnischen Sozialisten Henryk Lauer in Kontakt. Begeistert vom Sozialismus, geriet sie in den Sog der Russischen Revolution und brach 1917 das Studium der Mathematik und Physik ab.

Sie schmuggelte das „Zimmerwalder Manifest“ – ein Grundsatzpapier der europäischen radikalen Linken – über die Grenze und machte sich auf den Weg über Wien nach Budapest, wo sie ihr Studium fortsetzte und sich in der Antikriegsbewegung engagierte. 1918 wurden sie und ihr erster Ehemann, Tivadar Súgar, verhaftet und in einem aufsehenerregenden Prozess wegen Hochverrats verurteilt. Sie war eine jener prominenten Gefangenen, die in der ungarischen Öszirózsás forradalom, der Asternrevolution im Oktober 1918, befreit wurden. Duczyńska trat in die Kommunistische Partei Ungarns ein und war in der von Béla Kun geführten Räterepublik aktiv. Sie arbeitete zudem eine Zeit lang in Moskau mit dem Kominternfunktionär Karl Radek zusammen. Zusammen organisierten sie den Zweiten Weltkongress der Kommunistischen Internationale im Sommer 1920.

Nach ihrer Rückkehr nach Wien wurde sie Anfang der 1920er-Jahre aus der exilierten Kommunistischen Partei Ungarns ausgeschlossen. Mittlerweile hatte sie Karl Polanyi kennengelernt, beide traten sie der Sozialdemokratie bei, sie engagierte sich an deren linkem Rand. Ihre Tochter Kari wurde geboren, Ilona nahm ihr Studium wieder auf. Das

Ilona Duczyńska Polanyi, Karl Polanyis Ehefrau

Rote Wien wurde, so Ilona Duczyńska in den 1970er-Jahren, zu einem Ersatz für ihre revolutionären Hoffnungen.

1933 schaltete die Regierung Dollfuß das Parlament aus und schränkte kontinuierlich politische Rechte und Freiheiten ein. Karl Polanyi emigrierte nach England, Ducyzńska blieb in Wien und betätigte sich nach dem Februaraufstand 1934 im Untergrund, war nach eigener Aussage in der Schutzbundleitung Wien. Sie folgte ihrer Familie 1936 nach England und arbeitete im Royal Aircraft Establishment. Der Aufenthalt in London war nicht von Dauer. Karl Polanyi wurde nach dem Zweiten Weltkrieg an die Columbia University in New York berufen.

Weil sie Mitglied von kommunistischen Parteien war, durfte sie nicht in die USA einreisen. Sie zog nach Kanada und pendelte in den letzten zwanzig Jahren ihres Lebens zwischen Pickering (Ontario), Wien und Budapest. Denn auch wenn sie nie wieder dauerhaft nach Europa zurückkehrte, blieb vor allem Ungarn ihre politische Heimat.

Sie engagierte sich für eine Pluralisierung der ungarischen Gesellschaft, traf sich mit Intellektuellen vor Ort, publizierte Artikel in ungarischen und italienischen Zeitschriften, hielt Vorträge in Österreich, gab Anthologien heraus. Nach dem Tod Karl Polanyis kümmerte sie sich um dessen Lebenswerk und arbeitete an einem eigenen Buch zum Februar 1934, das ihr intellektuelles Vermächtnis werden sollte.

Ilona Duczyńskas politische Praxis war von Eigensinnigkeit und Autonomiewillen geprägt, wie auch ihr „Anecken“ an Parteistrukturen zeigt: Sie wurde aus der Kommunistischen Partei Ungarns ebenso ausgeschlossen wie aus der SDAP und später der KPÖ. Die Heirat mit Karl Polanyi war sicherlich auch ein Grund für die Entfremdung von der KPU Anfang der 1920er-Jahre. Stärker wog aber ihre Kritik an der Parteidisziplin, die sie in ihrem Artikel „Zum Zerfall der K.P.U.“ in der Zeitung des deutschen Dissidenten Paul Levis, *Unser Weg*, veröffentlicht hatte. Später nannte sie diesen Artikel „Kritik am Stalinismus, sozusagen bevor es ihn noch gegeben hat“. Mit sprachlichem Witz und scharfer Zunge beschrieb sie die parteiinternen Machtkämpfe und die von ihr diagnostizierte Fehlentwicklung.

Die leitenden Parteifunktionäre würden auf eine „Dialektik des Bösen“ setzen: Die Verbrechen und moralischen Opfer, die im Namen der Revolution verübt worden waren, würden glorifiziert und in etwas Gutes umgedeutet werden. Duczyńska, die selber Gewalt als politisches Mittel nicht grundsätzlich ablehnte, sah einzig in innerparteilicher Demokratie und gesellschaftlichen Pluralismus einen möglichen Weg in eine sozialistische Zukunft.

In einem Brief Ende der 1940er-Jahre an ihre Tochter Kari Polanyi Levitt hielt sie noch einmal energisch fest: "I am a Hungarian communist." Ihr ungebrochener Enthusiasmus für den Sozialismus, den der englische marxistische Historiker Eric Hobsbawm in seinem Vorwort der englischen Ausgabe ihres Buches über den Bürgerkrieg 1934 hervorgehoben hatte, kennzeichnete ihr Schreiben vor und nach dem Zweiten Weltkrieg. Ihre publizistischen Tätigkeiten waren ein Versuch, eine kritische Öffentlichkeit in Ungarn herzustellen, eine Fortführung ihrer Bestrebungen einer demokratischen sozialistischen Gesellschaft.

In den 1960er- und 70er-Jahren suchte sie auch den Kontakt zur Generation jener Jungen in Europa, die sich selber in die Tradition der Freiheitskämpfe in den entkolonialisierten Ländern stellten.

Duczyńska war in Briefkontakt mit Angehörigen der deutschen Außerparlamentarischen Aktion. 1975 erschien ihre Studie zum Februar 1934 und zu Theodor Körner, dem ebenfalls aus Ungarn stammenden Sozialdemokraten und späteren österreichischen Bundespräsidenten.

Wieder machte sie in ihrem Buch deutlich, dass im Angesicht von faschistischer Bedrohung Gewalt manchmal ein politisch zulässiges, ja notwendiges Mittel sei.

Allerdings müsse die Ausübung von Gewalt mit einer pluralistischen, demokratischen – ja antihierarchischen – Organisationsweise verbunden werden. Nur mit einem solchen Modell ließe sich die Sphäre der Macht mit jener der Menschlichkeit verbinden.

Zur Person:
Ilona Duczyńska Polanyi (1897–1978) kam während ihres Studiums in Zürich in Kontakt mit sozialistischen Kreisen und wurde 1918 in Budapest wegen Hochverrats verurteilt. 1920 Rückkehr nach Wien, Publikationstätigkeiten, Parteiausschluss aus der KPU, später Mitglied der SDAP (bis 1929), Heirat mit Karl Polanyi. Widerstandstätigkeiten 1934 bis 1936, Emigration nach England, später Kanada. Nach 1945 engagierte sie sich in der ungarischen Linksopposition, 1975 Buch „Der demokratische Bolschewik" über Theodor Körner.

VON DER ENTWICKLUNGS-ÖKONOMIN ZUR WEGBEREITERIN DER POLANYI-RENAISSANCE

Kari Polanyi-Levitts Lebenslauf gleicht in einem dem ihres Vaters, für das sie sich nach dessen Tod einsetzte: Ihre wissenschaftliche Ausbildung verband sie immer mit ihrem politischem Engagement

ANDREAS NOVY

Kari Polanyi-Levitt wohnt heute in Kanada, wo sie einen Großteil ihres Lebens verbracht hat. Die 95-Jährige ist die Tochter von Ilona Duczyńska (1897–1978) und Karl Polanyi (1886–1964). Wiewohl sie die kanadische Staatsbürgerschaft besitzt, hat ihr langjähriger Kollege Lloyd Best, ein karibischer Entwicklungsforscher, sie als „West Indian from Central Europe" beschrieben. Tatsächlich ist ihr Werk und ihr Leben nicht zu verstehen ohne ihre österreichische Herkunft und ihr Engagement in der Karibik.

Kari Polanyi wurde 1923 in Wien, der verarmten ehemaligen Metropole Mitteleuropas, geboren. Als einziges Kind von Ilona und Karl war sie gleichzeitig ein Kind des Roten Wien, aufgewachsen in der Vorgartenstraße 203 in der Leopoldstadt, dem zweiten Wiener Gemeindebezirk und einer Hochburg der Sozialdemokratie. Noch heute erinnert sie sich an ihre ersten, glücklichen Lebensjahre, die für sie ebenso prägend waren wie für ihre Eltern. Mit einigen noch lebenden Freunden aus dieser Zeit ist sie bis heute verbunden. Kari genoss die Freiheiten in der Schule und die vielen Freizeitangebote des Roten Wien. Aus dieser Zeit datiert auch ihr erstes politisches Engagement.

Im Februar 1934, ihr Vater war schon nach England emigriert, kam es zum kurzen Bürgerkrieg. Die Schulen blieben tagelang geschlossen, und als sie wieder öffneten, waren einige der Lehrer weg. Am ersten Schultag nach dem Bürgerkrieg bekamen alle Kinder einen rot-weiß-roten Anstecker. Unter dem Vorwand, auf die Toilette zu müssen, ging Kari zusammen mit einer Freundin auf den Gang, wo sie die Anstecker einsammelten und in den Abfluss warfen.

Wenige Monate später folgte sie ihrem Vater nach England. Dort schloss sie die Schule ab und begann ihr Ökonomiestudium an der London School of Economics. Aufgrund des Krieges übersiedelten die Londoner Universitäten nach Cambridge und Oxford, wo Kari in einem wohl einzigartigen kreativen intellektuellen Umfeld studierte. Während britische Ökonomen wie John Maynard Keynes in London die Kriegswirtschaft verwalteten, lebten in Oxford und Cambridge Frauen wie Joan Robinson und eine Vielzahl von freiwillig oder unfreiwillig ausgewanderten Intellektuellen, die weltberühmt waren oder es werden sollten: Nicolas Kaldor, Friedrich Hayek, Wassily Leontief, Ernst Schumacher, Michael Kalecki, um nur einige zu nennen.

Schon früh verband Kari Polanyi ihre wissenschaftliche Ausbildung mit politischem Engagement – in und für Gewerkschaften, in der Erwachsenenbildung und für den öffentlichen Dienst. Die erste einflussreiche Studie, an der sie beteiligt war, untersuchte die Effekte des strategischen Bombardements von Zielen der deutschen Kriegswirtschaft durch die Alliierten. Diese von Nicholas Kaldor geleitete Studie kam zum Ergebnis, dass die Luftangriffe zwar wirksam die Bahninfrastruktur zerstörten, aber den starken Anstieg der deutschen Rüstungsproduktion nicht verhindern konnten.

1947 ging sie nach Kanada, wo sie den Historiker Joseph Levitt heiratete, mit dem sie zwei Söhne großzog. 1959 beendete sie ihr Masterstudium an der University of Toronto. Von 1961 an arbeitete sie am Department of Economics der McGill University in Montreal, wo sie 1992 emeritierte. Als Statistikerin ausgebildet, führte sie empirische Forschungen zuerst in Kanada und dann vermehrt in den karibischen Staaten durch. Mehrmals war sie Gastprofessorin in der Karibik, unter anderem an der University of the West Indies. Bis heute flieht sie aus dem kalten Montreal und verbringt einen Gutteil des Winters in Trinidad.

Kari Polanyi-Levitt, die Tochter

Während des Großteils ihres Berufslebens beschäftigte sich Kari Polanyi-Levitt mit Fragen der Entwicklungsökonomie. Welchen Zusammenhang gibt es zwischen der karibischen Plantagenökonomie, Sklaverei und dem Großgrundbesitz einerseits und dem Reichtum Westeuropas und Nordamerikas andererseits? Ihr Beitrag, zusammen mit Lloyd Best, besteht darin, diese besondere Organisationsform kapitalistischer Produktion vor dem Maschinenzeitalter detailliert zu beschreiben. Ausbeutungskolonien wie diejenigen in der Karibik unterschieden sich nämlich grundlegend von Siedlerkolonien wie denjenigen in Nordamerika. Auch in der Plantagensklaverei, einer komplexen Organisationsform zur Profitmaximierung und Vorläufer der europäischen Industriearbeit, war die Dominanz des Finanzkapitals schon angelegt: Die Händler waren einflussreicher als die Produzenten. Aus der Warte der Nachfahren der Sklaven auf die Weltwirtschaft zu blicken, lenkt zwangsläufig die Aufmerksamkeit auf die Schattenseiten der kapitalistischen Erfolgsgeschichte. Kari Polanyi-Levitt denkt den Kapitalismus von seinen Rändern her.

Die Entwicklungsökonomie ist eine Teildisziplin, die sich klar vom vorherrschenden Zugang zu Wirtschaftswissenschaft unterscheidet. Dieser meint, es könne eine einzige ökonomische Universalwissenschaft geben, die für alle Weltregionen und Politikfelder gleichermaßen gelte. Die Entwicklungsökonomie hingegen betont die institutionelle Vielfalt sowie die historische Pfadabhängigkeit von Entwicklung. Eine wesentliche Inspirationsquelle der Entwicklungsökonomie waren zentraleuropäische Intellektuelle wie Albert Hirschman, Alexander Gerschenkron und eben auch Kari Polanyi-Levitt. Gemeinsam war ihnen das persönliche Erleben der Ungleichzeitigkeit von Entwicklungsdynamiken an einem Ort. Modernisierung und Rückschrittlichkeit gingen in ihrer zentral- und osteuropäischen Herkunft Hand in Hand. Wesentliche Impulse für die Entwicklungsökonomie gingen auch von Ökonomen der Peripherie aus, von denen Kari Polanyi Levitt den schon verstorbenen Brasilianer Celso Furtado sowie aktuell die Inderin Jayati Ghosh von der Jawaharlal Nehru University in New Delhi hervorhebt.

Bekannt geworden ist Kari Polanyi-Levitt 1970 durch das mehrfach aufgelegte Buch „Silent Surrender. The Multinational Company in Canada“, in dem sie den Einfluss der US-amerikanischen Direktinvestitionen auf die kanadische Wirtschaft untersuchte. Sie analysierte, wie das Wachstum ausländischer Direktinvestitionen die industrielle Basis des Landes aushöhlte und es vermehrt von Bergbau abhängig machte. Die letzte Welle dieser Abhängigkeit stellt die Fracking-Industrie dar, deren ökologische Folgen heftig diskutiert werden. Weil wirtschaftliche Entwicklung mit politischen Machtverhältnisse verwoben ist, braucht es eine politökonomische Analyse, um diese Zusammenhänge aufzuzeigen. Es verwundert nicht, dass ihr diese Zugangsweise wiederholt Probleme mit staatlichen Autoritäten und Auftraggebern verursacht hat.

Lange Zeit bestand zwischen Tochter und Vater ein gegenseitiges wohlwollendes Desinteresse an der wissenschaftlichen Arbeit des jeweils anderen: Karl konnte sich gar nicht für Entwicklung einzig als materielle Verbesserung begeistern. „Entwicklung, Kari? Ich weiß nicht, was das ist", sagte er einmal zu seiner Tochter. Diese wiederum, jung und politisch engagiert, wusste gar nichts anzufangen mit dem Interesse ihres Vaters an alten Kulturen und indigenen Gemeinschaften.

Im Rückblick kommt die spätere Annäherung nicht überraschend. Schon zu Lebzeiten setzte Karl seine Hoffnungen auf eine Erneuerung der humanitären Werte des Westens durch die aufstrebenden Länder Asiens, Afrikas und Lateinamerikas. Für Karis Annäherung an das Denken ihres Vaters war entscheidend, dass sie 1978 nach dem Tod ihrer Mutter das literarische Werk Karl Polanyis übernahm. Erst mit dieser neuen Aufgabe als Erb- und Nachlassverwalterin begann sie sich intensiver mit dem Werk ihres Vaters zu beschäftigen. Nun entdeckte sie die vielfältigen Gemeinsamkeiten ihrer beider Kritik an der vorherrschenden ökonomischen Theorie und einer kapitalistischen Marktwirtschaft, die die Lebensgrundlagen der Menschheit gefährdet. 1988 wurde sie Mitbegründerin des Karl Polanyi Institute of Political Economy an der Concordia-Universität in Montreal. Dieses von Marguerite Mendell geleitete Institut verwaltet heute das Archivmaterial von Karl Polanyi. In der Folge organisierte sie diverse Polanyi-Konferenzen, die sicherlich auch zur zunehmenden Bekanntheit und Beliebtheit ihres Vaters beigetragen haben.

Kari Polanyi-Levitt beschreibt ihren Vater folgendermaßen: „Niemals doktrinär ... Obwohl kein Marxist, war er noch weniger ein Sozialdemokrat. Obwohl ein Humanist, war er zutiefst ein Realist." Ich meine, das Gleiche gilt für auch für sie. Deshalb hat sie, eine nicht-doktrinäre Sozialistin, auch eine klare Meinung, wenn es um die Interpretation des Werkes ihres Vaters geht. Sie kritisiert eine „weiche" Interpretation, wonach Karl Polanyi als institutioneller Ökonom eine notwendige Pendelbewegung von mehr und weniger Staatsintervention behauptet hätte. Auf Sozialstaat folge Marktfundamentalismus, danach hoffentlich erneut ein solidarisches Sozialmodell.

Besonders harsch fällt ihr Urteil aus, wenn die skandinavische Sozialdemokratie als Vorbild Polanyis zitiert wird. Der schwedische Wohlfahrtsstaat wie auch die anderen sozialstaatlichen Modelle nach dem Zweiten Weltkrieg interessierten Karl gar nicht. Man mag spekulieren, warum. Ein wichtiger Grund für sein Schweigen in der Öffentlichkeit war sicherlich die Selbstzensur während der McCarthy-Ära. Aber vermutlich auch der Umstand, dass die Nachkriegssozialdemokratie kulturell immer angepasster, materialistischer und massenkonsumfixierter wurde und auf Bildungsarbeit zunehmend verzichtete. Kari Polanyi-Levitt ist daher mit ihrer Mutter der Überzeugung, ihrem Vater würde eine „harte" Interpretation mehr gerecht. Dieser folgend sind kapitalistische Marktwirtschaften grundsätzlich instabil, weil diese mächtige Gegenbewegungen hervorruft. Erstmals in der Menschheitsgeschichte funktioniert im Kapitalismus die Wirtschaft nach eigenen Gesetzmäßigkeiten, unabhängig von Gesellschaft und Natur.

Doch zwischen Kapitalismus mit seiner Eigenlogik und Demokratie und der Teilhabe aller gibt es eine unauflösliche Spannung. Konflikte sind unvermeidbar. Gegenbewegungen setzen Dynamiken in Gang, die zu systemischen Veränderungen führen können. Entweder, indem sie die kapitalistische Eigenlogik oder die demokratische Selbstbestimmung untergraben. In der Wirtschaftswissenschaft populär gemacht hat diese These Dani Rodrik mit seinem Globalisierungstrilemma. Demnach ist es nicht möglich, Demokratie und nationale Selbstbestimmung mit Hyperglobalisierung zu verbinden. Die Dominanz der Hyperglobalisierung höhle entweder Demokratie oder nationale Selbstbestimmung aus. Wünschenswert wäre, gemäß Rodrik und Kari Polanyi-Levitt, der Rückbau der wirtschaftlichen Globalisierung auf eine Weise, die an die Bretton-Woods-Ordnung nach dem Zweiten Weltkrieg anschließt: Eingeschränkte internationale Finanzmärkte bei gleichzeitiger Förderung von Welthandel, solange dies von allen Beteiligten unterstützt wird.

Ihr schwindendes Sehvermögen erschwerte es Kari Polanyi-Levitt, ihre neuen Einsichten zu systematisieren. Doch 2013 erschien das Buch „From the Great Transformation to the Great Financialization", in dem Aufsätze der letzten zwanzig Jahre zu finden sind. Die spanische Übersetzung mit einem Vorwort von Dani Rodrik erscheint demnächst in Mexiko. Die deutsche Übersetzung erscheint 2019 im Beltz-Verlag als „Die Finanzialisierung der Welt: Karl Polanyi und die neoliberale Transformation der Weltwirtschaft", herausgegeben von Andreas Novy, Claus Thomasberger und Michael Brie. In diesem Buch ist ihr die Kritik der überzogenen Hoffnungen in eine neue Epoche der Globalisierung ein besonderes Anliegen. Ganz wie ihr Vater hält sie daran fest, dass nationale Souveränität, insbesondere in den Nationalstaaten des Globalen Südens, eine Voraussetzung und kein Hindernis für internationale Solidarität ist. Nur demokratische Staaten, nicht Zivilgesellschaft oder globale Regelwerke allein, so ihre Meinung, können transnationalen Unternehmen Grenzen setzen. Regionale Planung sei demnach, ganz ihrem Vater folgend, die Alternative zu einem universellen Kapitalismus.

In den letzten Jahren ist Kari zu ihren Wiener Wurzeln zurückgekehrt. Am Department für Sozioökonomie der Wirtschaftsuniversität Wien hat sie einen Zugang zu Ökonomie gefunden, der ihrem und dem ihres Vaters sehr nahesteht. Doch besonders gefreut hat sie das Interesse der Stadt Wien an ihr und ihrem Vater. So hat die Magistratsabteilung 23, zuständig für Wirtschaft, Arbeit und Statistik, ihren Seminarraum im Wiener Ernst-Happel-Stadion nach Kari Polanyi Levitt benannt. Und am 7. Mai 2018 hat Stadträtin Renate Brauner in der Österreichischen Nationalbank Kari Polanyi-Levitt das Goldene Ehrenzeichen der Stadt Wien überreicht.

Kari Polanyi-Levitt war es auch, die den Anstoß zur Gründung einer internationalen Gesellschaft gegeben hat, die die weltweiten Bemühungen unterstützt, das Denken Karl Polanyis zu nutzen, um die grundlegenden Veränderungen, die in diesem 21. Jahrhundert stattfinden werden, zu verstehen und zu friedlichen, solidarischen und humanitären Lösungen beizutragen. Seit dem 8. Mai 2018 ist sie Ehrenpräsidentin der neu gegründeten International Karl Polanyi Society.

Zur Person:
Kari Polanyi-Levitt, geboren 1923 in Wien, aufgewachsen in der Leopoldstadt. 1934 Emigration nach England, Studium an der London School of Economics, 1947 ausgewandert nach Kanada, Heirat mit dem Historiker Joseph Levitt; ab 1961 Arbeit an der McGill University Montreal, 1992 emeritiert; Gastprofessuren in der Karibik. Ihr bekanntestes Buch: „Silent Surrender. The Multinational Company in Canada". 2019 erscheinen ihre gesammelten Aufsätze auf Deutsch unter dem Titel „Die Finanzialisierung der Welt: Karl Polanyi und die neoliberale Transformation der Weltwirtschaft".

VON DER PHYSIKALISCHEN CHEMIE ZUR PHILOSOPHIE DES WISSENS

Er studierte und lehrte Naturwissenschaft, wurde aber als Sozialwissenschaftler weltberühmt. Karl Polanyis Bruder Michael, politisch liberaler als dieser, entdeckte das Prinzip des „stillschweigenden Wissens"

FRANZ TÖDTLING

Michael Polanyi ist der jüngere Bruder von Karl. Er ist heute in Wissenschaftskreisen ebenfalls sehr bekannt, allerdings in etwas anderen wissenschaftlichen „communities" als sein Bruder. Michael Polanyi war sowohl in der Naturwissenschaft also auch in der Sozial- und Geisteswissenschaft stark verankert, wobei sich der Schwerpunkt im Lauf seines Lebens von der Ersteren zu den Letzteren verschob. Bekannt ist er in der Sozialwissenschaft heute insbesondere mit seinem Konzept des „tacit knowledge" oder des „impliziten Wissens", das eine der Grundlagen der heutigen Ansätze zur Wissensgesellschaft, zu Innovation, evolutionärer Ökonomie sowie auch zum Wissensmanagement darstellt (siehe unten). Wie hat sich dieser Wandel im Fall von Michael Polanyi vollzogen? Und wie hat sich seine Beziehung zu seinem älteren Bruder Karl in dieser Zeit verändert?

Michael Polanyi wurde 1891 als fünftes Kind einer liberalen jüdischen Familie in Budapest geboren. Er studierte hier zunächst Medizin und schloss das Studium 1913 ab. Nach einem Einsatz als Sanitätsoffizier im Ersten Weltkrieg nahm er das Studium der Chemie an der TH Karlsruhe auf. Er promovierte 1919 in physikalischer Chemie in Budapest. In Karlsruhe lernte er seine Frau Magda Elizabeth Kemény, kennen, die ebenfalls Chemikerin war und mit der er zwei Söhne hatte. Sein jüngerer Sohn John wurde wie sein Vater ein berühmter Chemiker und erhielt 1986 sogar den Nobelpreis für Chemie. 1920 ging Michael Polanyi nach Berlin, wo er die Leitung einer Abteilung des Kaiser-Wilhelm-Instituts für Faserstoffchemie übernahm. Er erarbeitete dort die mathematischen Grundlagen für die Analyse von Faserstreubildern und erforschte die plastische Verformbarkeit von Kristallen. 1933 nahm er, nicht zuletzt aufgrund der zunehmenden Judenverfolgung in Nazideutschland, einen Ruf auf den Lehrstuhl für physikalische Chemie in Manchester an, den er bis 1948 innehatte.

In den 1940er-Jahren schlug Michael Polanyi eine zweite wissenschaftliche Karriere ein. Er widmete sich mehr und mehr der Sozialwissenschaft und der Philosophie, wobei ihn insbesondere das Phänomen des (wissenschaftlichen) Wissens, sein Wesen und seine Entstehung interessierten. Als Fundament des Forschens betrachtete er die Kraft des unabhängigen Denkens und das Motiv der Wahrheitssuche, wie er 1946 in seinem Werk „Science, Faith and Society" darlegte. Für diese Forschungen wurde ihm in Manchester im Jahr 1948 ein eigener Lehrstuhl für Sozialwissenschaften eingerichtet. Er wurde von allen Lehrverpflichtungen freigestellt, was ihm erlaubte, sein philosophisches Hauptwerk „Personal Knowledge", 1958 erschienen, zu entwickeln. Er hielt auch eine Position als Senior Research Fellow am Merton College in Oxford und absolvierte in den 1960er-Jahren mehrere Vortragsreihen in den USA, unter anderem an der Yale University, bei denen er jeweils auf eine hohe Resonanz stieß. In überarbeiteter Form wurden diese Vorlesungen 1966 als „The Tacit Dimension" herausgegeben. Weitere zentrale Aufsätze Polanyis erschienen 1969 unter dem Titel „Knowing and Being". 1975 wurde seine letzte Monografie, „Meaning", veröffentlicht (zusammen mit H. Prosch), die Polanyis Vorlesungen an den Universitäten von Texas und Chicago von 1969 bis 1971 enthält.

„We know more than we can tell"

Im Vorwort seiner philosophischen Abhandlung „Personal Knowledge" nennt er die Intention dieses Werks mit den Worten "This is primarily an enquiry into the nature and justification of scientific knowledge". Es ging ihm also um das Wesen und die Begründung des wissenschaftlichen Wissens. Diese Untersuchungen förderten für

Michael Polanyi, der Bruder

ihn die Bedeutung eines „vorwissenschaftlichen Wissens“ zutage. Ein großer Teil seiner Arbeit besteht nun darin, dieses schon vorhandene vorwissenschaftliche Wissen, das er „personal knowledge“ nennt, sichtbar zu machen. Diese Untersuchung führt ihn bald aus dem wissenschaftlichen Bereich hinaus in andere Bereiche des menschlichen Denkens, in Politik, Kunst und Religion und in den Bereich unseres alltäglichen Wissens und Könnens.

Die wissenschaftliche Wahrheit ist für Michael Polanyi im integrierten und kohärenten Gesamtbild zu finden, nicht in seinen einzelnen Teilen: “My own theory of scientific knowledge is, (...) that science is an extension of perception. It is a kind of integration of parts to wholes, as Gestalt psychology has described, but in contrast to Gestalt, which is a mere equilibration of certain pieces to form a coherent shape, it is the outcome of deliberate integration revealing a hitherto hidden real entity”. Wissenschaft beruht für ihn somit grundlegend auf einer Ausdehnung der Wahrnehmung (perception), da eine Wahrnehmung ohne Vorwissen keine Einordnung in ein größeres Gesamtbild zulässt. So ist das gesicherte Erkennen eines Krankheitsbildes auf einem Röntgenbild nur auf der Basis des Vorwissens eines erfahrenen Arztes möglich. Der Bezug auf eine solche Wahrheit, die der Forscher auf der Basis seines Vorwissens und des wissenschaftlichen Wissens finden kann, stellt ihn in einen gewissen Gegensatz sowohl zum kritischen Positivismus von Popper, der meint, dass man sich durch die Falsifizierung von Hypothesen der Wahrheit nur annähern, sie aber nicht endgültig finden kann, als auch zum Werk von Thomas Kuhn, dem zufolge sich die Forschung und die jeweiligen Theorien innerhalb von vorherrschenden Paradigmen bewegen, die einander periodisch ablösen. Während bei Kuhn somit die historische und soziale Bedingtheit des so konstruierten Wissens betont wird und nicht die wissenschaftliche Wahrheitsfindung selbst, geht es Michael Polanyi unter Einbeziehung der Person des Forschers in den Erkenntnisprozess sehr wohl um eine solche Wahrheitsfindung.

Zentrale Thesen aus heutiger Sicht

Was sind nun die zentralen Aussagen von Michael Polanyi zur Philosophie des (wissenschaftlichen) Wissens aus heutiger Sicht?

– Wie bereits erwähnt, prägt das Vorwissen einer Person oder eines

Forschers, also dessen „personal knowledge", den Erkenntnisprozess. Das bedeutet, dass all das, was solche Personen über ein bestimmtes Problemgebiet bereits wissen, einen Einfluss darauf hat, welches Grundverständnis sie zu einem aktuellen Problem haben und wie der weitere Erkenntnisprozess abläuft. Polanyi vermeidet in diesem Zusammenhang allerdings die Einordnung eines solchen Wissens in die Kategorien subjektiv und objektiv, da seiner Ansicht nach auch die auf „personal knowledge" beruhenden Erkenntnisse nicht nur subjektiv sind, sondern auf objektiven Tatsachen und Fakten beruhen können.

- Nur ein Teil des Wissens kann kodifiziert, also aufgezeichnet werden. Dieser Teil wird auch als „explizites Wissen" bezeichnet. Ein zweiter Teil bleibt immer „tacit", quasi als „stilles" oder „implizites" Erfahrungswissen der involvierten Personen. M. Polanyi hat das mit dem Satz „We know more than we can tell" beschrieben. Die Grenzen zwischen dem expliziten und dem impliziten Wissen sind allerdings nicht fix, sondern veränderbar. So kann Erfahrungswissen durch entsprechende Bemühungen und Aufwendungen kodifiziert werden, etwa durch das Schreiben von Erfahrungsberichten, Handbüchern oder wissenschaftlichen Artikeln oder durch die Anwendung neuer Verfahren, die es erlauben implizites Wissen sichtbar – also explizit – zu machen.
- Umgekehrt kann kodifiziertes explizites Wissen durch die Überführung in menschliche und soziale Gewohnheiten und Routinen wieder zu einem weiterentwickelten Stand von implizitem Erfahrungswissen werden. Einige Jahrzehnte später haben die japanischen Forscher Ikujiro Nonaka und Hirotaka Takeuchi diesen Prozess in ihrem bekannten Werk „The Knowledge-Creating Company" als Spirale des Wissens schematisiert, die den Wissenstand eines Unternehmens oder einer Organisation laufend erweitert.
- Explizites und implizites Wissen wird auf sehr unterschiedliche Weise erworben und übertragen. Das erstere, das alleine aber nicht ausreicht, etwa durch das Lesen von wissenschaftlicher Literatur und von Fachzeitschriften, durch Internetrecherchen und den Einsatz von ICT (in M. Polanyis Zeit allerdings noch nicht vorhanden) oder die statistische Analyse von Daten. Für das ebenfalls notwendige letztere gibt es mehrere Formen des Lernens, etwa das Lernen

durch Beobachten, das „learning by doing" und die Wissensübertragung durch Zusammenarbeit und persönliche Kontakte zu kompetenten Personen.

Lokales und globales Wissen

Außer diesen Erkenntnissen, die bereits direkt in Michael Polanyis Werk angelegt sind, gibt es aktuelle Weiterführungen seiner Ideen, die heute insbesondere in der Innovationsliteratur und in der Wirtschaftsgeografie von großer Bedeutung sind, von ihm aber nicht thematisiert wurden:

- So wird in diesem Zusammenhang argumentiert, dass im heutigen Forschungs- und Innovationsprozess von Universitäten, Forschungseinrichtungen und Firmen viele verschiedene (lokale und globale) Wissensquellen einbezogen werden, wobei es auch unterschiedliche Arten und Weisen gibt, sich dieses verteilte Wissen zu erschließen.
- Tacit knowledge ist oft „lokales Wissen", also gebunden an Personen, Organisationen, Firmen, oder als „lokale Kultur" auch an kollektive Verhaltensmuster und Routinen der jeweiligen Region. Es kann nur durch Kontakte vor Ort, direkte Zusammenarbeit etc. erschlossen werden. Ein solches lokal gebundenes Wissen ist etwa in vielen traditionellen Industrieregionen im Bereich der spezialisierten Fertigung und der Facharbeit vorzufinden. Aber auch die modernen Technologie-Regionen sind Träger eines solchen lokalen Wissens. Beispielsweise gingen viele Firmen in den Siebzigern und Achtzigern nach Silicon Valley, das damals das Mekka der Elektronikindustrie war, um am dortigen lokalen Wissensaustausch und Innovationsprozess teilzuhaben. Heute gibt es weltweit in verschiedenen Branchen und Technologiebereichen viele solcher lokalen Wissenszentren, sowohl in den USA und in Europa als auch in Asien. Beispiele dafür wären das Medicon Valley in der Region Südschweden und Dänemark, der Medien-Cluster in Köln, Finanzzentren in London, Frankfurt oder Singapur oder IT-Cluster in Massachusetts (USA), Cambridge (UK), München, Bangalore in Indien oder Shenzhen in China.
- Ein derartiges lokal gebundenes Wissen und die damit verbundenen Institutionen und Kulturmuster widersprechen der oft vorgetrage-

nen These einer unbeschränkten und fortschreitenden Globalisierung, also dem Argument, dass heutzutage aufgrund der modernen Informations- und Kommunikationstechnologien, der sozialen Netzwerke und der gut ausgebauten Transportsysteme ein großer Teil des Wissens „global", also überall verfügbar wäre. Im Gegensatz dazu wird heute in der Economic Geography betont, dass geografische Distanz noch nicht „tot" ist und dass die Welt nicht „flach" im Sinne eines „level playing field" ist, sondern „Berge, Täler und Wüsten des Wissens" aufweist und als Konsequenz daraus auch „Berge, Täler und Wüsten der Chancen und des Wohlstandes" vorzufinden sind.

Beziehung zum älteren Bruder Karl

Die Beziehung zwischen Karl und dem jüngeren Michael war in den frühen Jahren (1910er- und 20er-Jahre) harmonisch und fürsorglich, auch weil sich Karl als ältester der Geschwister vor Ort (der älteste Bruder Adolf lebte in Japan) für die jüngeren Geschwister verantwortlich fühlte und sie unterstützte. In den 1930er-Jahren gingen die beiden intellektuell und auch politisch allerdings in verschiedene Richtungen. Der jüngere Michael bezog in der Folge deutlich andere politische und wissenschaftliche Positionen als sein älterer Bruder Karl.

Michael vertrat eine wesentlich liberalere Haltung und damit eine etwas größere Skepsis gegenüber einem allzu starken Staat und einer zentralistischen Planwirtschaft, wie sie sich in der damaligen Zeit etwa in der Sowjetunion entwickelte. Auch in seinen wissenschaftsphilosophischen Arbeiten stand eher das Individuum im Vordergrund als dessen Einbettung in eine soziale Gemeinschaft, wie dies Karl betonte. Entlang des Spektrums von „Gesellschaft", verstanden als eine Ansammlung von gleichberechtigten Individuen, und „Gemeinschaft", verstanden als eine zusammengehörige und kulturell verankerte Gruppe von Menschen, war sein Bruder Karl sicherlich näher bei der Gemeinschaft, wobei er Gemeinschaft nicht als ein traditionelles und rückwärtsgewandtes Gebilde verstand. Während Karl eine aus ihrer sozialen Einbettung und Verantwortung herausgelöste Marktwirtschaft sehr kritisch betrachtete, hatte der jüngere Michael größeres Vertrauen in das Funktionieren einer Marktwirtschaft, sofern sie von geeigneten gesellschaftlichen Spielregeln geleitet war und von einer Politik etwa im Sinne von Keynes unterstützt wurde.

Allerdings teilen beide Brüder die Skepsis und die Ablehnung des neoklassischen Konzeptes eines „homo oeconomicus", also der Vorstellung von voll informierten und immer rational handelnden Individuen, die als Konsumenten ihren jeweiligen Nutzen und als Unternehmer ihre Gewinne maximieren und auf diese Weise zum höchsten Wohlstand für alle beitragen sollen. Im Gegensatz zu dieser Vorstellung des „homo oeconomicus" sind bei beiden Brüdern die Individuen von ihrer jeweiligen Vergangenheit, ihrer Herkunft und ihren sozialen Beziehungen geprägt, wobei diese Prägung auch das weitere Handeln beeinflusst. Beide sind somit letztlich „Sozioökonomen", die zugleich ein starkes Augenmerk auf die dynamische Seite von Wirtschaft haben, entweder als evolutionärer Prozess (Michael) oder als ein historischer Prozess, der sich in der Austragung von sozialen Gegensätzen entfaltet (Karl). In den letzten Jahren (den 1950ern) gab es nicht zuletzt auch im Zuge der Erkrankung von Karl wieder eine stärkere Annäherung der beiden Brüder, die auch in einer hohen gegenseitigen Wertschätzung zum Ausdruck kam.

Zur Person:
Michael Polanyi, geboren 1891 in Budapest, 1919 dort in physikalischer Chemie promoviert. 1920 ging er nach Berlin, 1933 emigrierte er nach Manchester, wo er Chemie lehrte. 1948 wurde dort eigens für ihn ein Lehrstuhl für Sozialwissenschaften eingerichtet. Er war danach auch Research Fellow am Merton College Oxford und unternahm zahlreiche Vortragsreisen in die USA.

Literatur

Cairncross, Frances (1997), The Death of Distance. Cambridge: Harvard University Press.
Dale, Gareth (2016), Karl Polanyi: a Life on the Left. New York: Columbia University Press.
David, Paul/Dominique Foray (2003), Economic Fundamentals of the Knowledge Society. Policy Futures in Education, 1, 20–49.
Engel, Michael (2001), Polanyi, Michael. In: Neue Deutsche Biographie (NDB), Band 20. Duncker & Humblot, Berlin, 597.
Gertler, Merit (2003), Tacit knowledge and the economic geography context, or The undefinable tacitness of being (there). Journal of Economic Geography, 3, 75–99.
Kuhn, Thomas S. (1962), The Structure of Scientific Revolutions, Chicago: University of Chicago Press.
Morgan, Kevin (2004), The exaggerated death of geography: learning, proximity and territorial innovation systems. Journal of Economic Geography, 4, 3–21.
Nonaka, Ikujiro/Hirotaka Takeuchi (1995), The knowledge-creating company: How Japanese companies create the dynamics of innovation. Oxford, UK: Oxford University Press.

Nye, Mary Jo (2002), Biography of Michael Polanyi (1891 – 1976), HYLE – International Journal for Philosophy of Chemistry, Vol. 8, No.2 (2002), 123–127 (http://www.hyle.org).
Polanyi, Michael (1983[1958]), Personal Knowledge: Towards a Post-Critical Philosophy. London: Routledge&Kegan.
Polanyi, Michael (1985), Implizites Wissen. Frankfurt am Main: Suhrkamp (Erstausgabe: The tacit dimension, 1966).
Saxenian, AnnaLee (1994), Regional Advantage: Culture and Competition in Silicon Valley and Route 128. Cambridge/Massachusetts: Harvard University Press.
Tödtling, Franz/Michaela Trippl (2016), How do firms acquire knowledge in different sectoral and regional contexts? In: Christoph Carrincazeaux/David Doloreux/Richard Shearmur (Eds.), Handbook of Geography of Innovation. Cheltenham: Edward Elgar, 142–154.
Tödtling, Franz/Arne Isaksen/Michaela Trippl (2018), Regions and Clusters in the Global Economy. In: Robert C. Kloosterman/Virginie Mamadouh/Pieter Terhorst (Eds.), Handbook Geographies of Globalisations. Cheltenham: Edward Elgar, 1–12.

MILIEUS IN KARL POLANYIS LEBEN

MICHAEL MESCH

Budapest 1900–1914: adeliges Machtmonopol, linke Gegenkulturen und die „Große Generation"

Budapest, die Hauptstadt der ungarischen Reichshälfte der Monarchie, hatte um 1900 bereits rund 700.000 Einwohner. Die Metropole, in der Karl Polanyi aufwuchs, studierte und sich politisch betätigte, war zwischen 1900 und 1914 die Boomtown der rasch expandierenden ungarischen Volkswirtschaft, in der die erste U-Bahn auf dem Kontinent gebaut wurde, ein Ort enormer sozialer Unterschiede, ein Wissenschaftszentrum im Aufschwung und Brennpunkt der politischen Auseinandersetzungen zwischen unterschiedlichsten Strömungen.

Zur Kohorte der bedeutenden ungarischen, in Budapest lebenden Intellektuellen, Künstler und Wissenschaftler jener Zeit, der sogenannten „Großen Generation", gehörten neben Karl Polanyi u. a. dessen Bruder, der Chemiker und Sozialwissenschaftler Michael Polanyi, der Philosoph Georg Lukács, der Soziologe Karl Mannheim, der Sozialwissenschaftler und Historiker Oscar Jászi, der Rechtsphilosoph und Psychologe Gyula Pikler, der Sozialwissenschaftler Ervin Szabó, der Mathematiker John von Neumann, die Physiker Leó Szilárd und Edward Teller, die Komponisten Béla Bartók und Zoltán Kodály sowie der Poet Endre Ady.

Sie waren sich der relativen Rückständigkeit ihres Landes gegenüber Westeuropa bewusst und verfolgten die neuen politischen, intellektuellen und künstlerischen Entwicklungen ebendort. In ihren Diskursen entwarfen und diskutierten sie liberale, bürgerlich-radikale und unterschiedliche sozialistische Visionen der Gesellschaft.

Einig waren sie in der Ablehnung der von den Interessen der adeligen Großgrundbesitzer bestimmten Politik der von 1875 bis 1905 dominanten Liberalen Partei, die für einen gesellschafts-, wirtschafts- und nationalitätenpolitischen Konservatismus stand. Kennzeichnend für die Regierungspolitik der Ära der Liberalen Partei waren unter anderem zahlreiche antidemokratische Gesetze, die sich insbesondere gegen die Arbeiterschaft und die nichtmagyarischen Nationalitäten richteten. Diese Maßnahmen erfolgten unter dem Deckmantel eines verfassungsmäßigen Rechtsstaats. Das überaus restriktive Zensuswahlrecht gestand nur rund sechs Prozent der Bevölkerung das Wahlrecht zu und schloss die ärmeren Bauern, die Arbeiterschaft, das Gesinde und das Kleinbürgertum aus.

Viele Personen der „Großen Generation" gehörten der assimilierten und säkularisierten jüdischen Minderheit an. Ihre Sozialisation fand vor allem im bürgerlichen Milieu des am linken Donauufer liegenden Stadtteils Pest statt. Selbst diese gesellschaftlich integrierten und beruflich erfolgreichen Juden der bürgerlichen Mittelschicht wurden von der politischen Elite, insbesondere dem großgrundbesitzenden Adel, als Außenseiter klassifiziert, nicht als Teil der nationalen Gemeinschaft anerkannt und sahen sich mit zunehmendem Antisemitismus konfrontiert.

Im späten 19. Jahrhundert hatten Juden wesentlichen Anteil an der ökonomischen und kulturellen Renaissance Ungarns gehabt. Voraussetzung für den sozialen Aufstieg von Angehörigen der ethnischen Minderheiten bildete die Bereitschaft zur Magyarisierung, die sich oft auch in der Änderung des Familiennamens niederschlug. (Karls Vater Mihály Pollacsek änderte seinen Namen in Polányi.)

In der assimilierten und religiös indifferenten jüdischen Mittelschicht des Fin de Siècle verlief ein Generationenkonflikt zwischen den Älteren, die – vom sich entfaltenden Kapitalismus profitierend – als Kaufleute, gewerbliche und industrielle Unternehmer, Anwälte und Bankiers sozial aufgestiegen waren, und den sozial bewegten, sozialistischen Ideen zuneigenden, an Kunst, Kultur und den modernen Wissenschaften interessierten Jüngeren. Zentrale Werte der Alterskohorte der „Großen Generation" waren Bildung, Gelehrsamkeit und Wissenschaft, während sie das Streben nach geschäftlichem Erfolg und Profit verachteten.

Zu Anfang des Jahrhunderts geriet die Liberale Partei von mehreren Seiten unter Druck, weil zum einen mit der stürmischen kapitalistischen Entwicklung sich die soziale Kluft vertiefte und die Interessengegensätze zwischen adeligen Großgrundbesitzern und Agrarunternehmern sowie dem aufstrebenden Industrieunternehmertum immer deutlicher zutage traten und sich zum anderen die Nationalitätenkonflikte zuspitzten. Die Großgrundbesitzer lehnten eine die Industrialisierung fördernde Gestaltung der Wirtschaftspolitik ab und vertraten zugleich eine konservative Ausrichtung der Gesellschafts- und der Kulturpolitik. Sie standen damit im Gegensatz zum industriellen Unternehmertum, aber auch zum sich herausbildenden Bürgertum und der entstehenden Industriearbeiterschaft.

In der ab 1910 regierenden Nationalen Arbeitspartei, deren Mitglieder im Wesentlichen aus der früheren Liberalen Partei stammten, gaben die adeligen Großgrundbesitzer den Ton an. Sie stellte eine Art Sammelbecken aller Kräfte dar, die gegen demokratische Reformen waren. Ihre Politik ignorierte die eingetretenen dynamischen wirtschaftlichen und gesellschaftlichen Veränderungen und verkannte die zerstörerische Wirkung des magyarischen Chauvinismus. Die Nationalitätenfrage wurde als politisches Instrument auch gegen soziale Reformen und Demokratisierungsforderungen eingesetzt.

Auf der Rechten formierten sich zudem antiliberale Kräfte in der Bauernschaft und die antidemokratische und antisozialistische Reaktion unter den Adeligen und Kleinbürgern zu einer konservativen, nationalistischen und oft antisemitischen Partei, der Katholischen Volkspartei (gegründet 1895). Sie fand insbesondere unter den Studenten regen Zulauf.

Bürgerliche Liberale traten für grundlegende demokratische Reformen und eine die Industrie begünstigende Wirtschaftspolitik ein.

Auf der Linken gruppierte sich die Opposition zum einen in der sozialistischen Arbeiterbewegung aus Sozialdemokratischer Partei (SDP) und den mit ihr verbündeten, sehr rasch wachsenden Gewerkschaften, zum anderen in der bürgerlich-radikalen Gegenkultur. Die SDP strebte eine reformistische Arbeits- und Sozialpolitik an und stand an der Spitze der breiten Bewegung für Demokratisierung, insbesondere die Ausweitung des Wahlrechts.

In der radikalen Gegenkultur fanden sich ästhetische Radikale (Endre Ady, Béla Bartók) und bürgerliche Radikale zusammen in Gegnerschaft zu Oligarchie, magyarischem Chauvinismus und Klerikalismus. Im Mittelpunkt des bürgerlich-radikalen Teils der Gegenkultur stand zunächst die von Oscar Jászi und Gyula Pikler gegründete Gesellschaft für Sozialwissenschaft, der auch Karl Polanyi, ab 1904

Student an der Budapester Universität, angehörte. Sie trat für einen liberalen Sozialismus ein. Dem durch den Widerstand gegen weitere Demokratisierung, die Repression der Landarbeiter, die Unterdrückung der nationalen Minderheiten und die Exzesse des ungezügelten Kapitalismus diskreditierten ungarischen Liberalismus sollte neues Leben eingehaucht werden. Eine Avantgarde reformistischer Intellektueller sollte Ungarn auf einen Modernisierungspfad zwischen aristokratisch-kleinbürgerlicher Reaktion und marxistischem Sozialismus führen. Die Bildung der Arbeiterschaft nahm im Programm der „Gesellschaft" eine zentrale Position ein. Voraussetzung für einen liberalen Sozialismus sei die Existenz einer gebildeten Arbeiterschaft. In vielen Fragen stimmten SDP und „Gesellschaft" überein, insbesondere was die Demokratisierung betraf.

1908 gründete Karl Polanyi gemeinsam mit Gyula Pikler den Galilei-Kreis und übernahm zwei Jahre lang dessen Vorsitz. Mitglieder waren vor allem junge, überwiegend jüdische Intellektuelle und Studenten. Sie sahen ihre Aufgabe darin, einen Diskurs über ethisch fundierte Politik zu initiieren und die neuesten Erkenntnisse verschiedenster Wissenschaften zu verbreiten. Praktischen Ausdruck fand der moralische und pädagogische Reformismus des Kreises – auf den Spuren der russischen Volkstümler der 1870er-Jahre – in der Erwachsenenbildung und der politischen Bildung, konkret in über zweitausend Vorträgen, Kursen und Seminaren pro Jahr. In politischer Hinsicht trat der Galilei-Kreis für das allgemeine Wahlrecht, eine Landreform und eine liberale Nationalitätenpolitik ein.

Aus der bürgerlich-radikalen Gegenkultur ging knapp vor Ausbruch des Ersten Weltkriegs die Bürgerlich-Radikale Partei hervor. Karl Polanyi war wegen seiner organisatorischen und rhetorischen Talente die rechte Hand des Parteigründers Oscar Jászi. Hauptpunkte des Parteiprogramms waren die Ausweitung des Wahlrechts, Trennung von Kirche und Staat, Föderalisierung des Reichs, Enteignung des Großgrundbesitzes und Landverteilung, Freihandel und Bildungsreform. Die neue linke Partei sollte große Teile des Bürgertums – Angestellte und Beamte, kleine Unternehmer und Intellektuelle – zurück zu einer emanzipatorischen Agenda führen. Sie suchte das Bündnis mit der SDP: Nur eine Koalition von geistiger und manueller

Arbeit, separat organisiert, aber vereint in der kritischen Frage der Demokratisierung, könnte Ungarn aus seiner Lage befreien.

Im Ersten Weltkrieg spaltete sich die Linke in verfeindete Lager. Nach der „Astern-Revolution" von Ende Oktober 1918 bildeten die Bürgerlichradikalen einen Teil der sozialistisch-linksbürgerlichen Regierung von Mihály Károlyi, die sich unter den chaotischen Nachkriegsverhältnissen jedoch nur bis März 1919 hielt. Dann begann auch in Ungarn das „Zeitalter der Extreme". Die folgenden politischen Entwicklungen – kommunistische Räteregierung bis Sommer 1919, Weißer Terror und autoritäres Horthy-Regime – veranlassten den überwiegenden Teil der „Großen Generation" dazu, ins Exil zu gehen. Ihre Wirkung in Wissenschaft und Kunst entfalteten die Personen der „Großen Generation", so auch Karl Polanyi, somit nicht in Ungarn, sondern im Ausland.

Das „Rote Wien" 1918–1934

„Rotes Wien" steht für die Kommunalpolitik der zwischen 1919 und 1934 sozialdemokratisch regierten Bundeshauptstadt sowie für die Aktivitäten der Gewerkschaften und Vereine im Vorfeld der Sozialdemokratischen Arbeiterpartei (SDAP).

Grundlagen, auf denen die sozialdemokratische Arbeiterbewegung in Wien aufbauen konnte, waren der christlichsoziale „Gemeindesozialismus" der Vorkriegszeit und die von den Freien Gewerkschaften erstrittenen Kollektivverträge, die Mieterschutzgesetzgebung aus der Kriegszeit und das große sozialpolitische Reformwerk der von den Sozialdemokraten dominierten Koalitionsregierung auf Bundesebene zwischen 1918 und 1920.

Unter den außergewöhnlichen Umständen der Nachkriegsjahre – hohe Mobilisierung der Arbeiter und entlassenen Soldaten, außerparlamentarischer Druck der Arbeiter- und Soldatenräte, kommunistische Diktaturen in Ungarn und Bayern – konnte die SDAP dem verschreckten Bürgertum tiefgreifende Reformen („österreichische Sozialrevolution") abtrotzen. Per Gesetz eingeführt wurden Arbeitslosenversicherung, Krankenversicherungspflicht, Betriebsräte, Arbeiterkammern, Arbeiterurlaub und Achtstundentag. Gesetzlich geregelt wurden Sonn- und Feiertagsruhe, Kinderarbeit und Nachtarbeitsverbot für Frauen und Kinder. Weitere wichtige Reformen bildeten das

Kollektivvertragsgesetz und das Angestelltengesetz. Diese Sozialgesetze wurden und sind wesentliche Säulen des ab den 1950er-Jahren etablierten Wohlfahrtsstaats.

Bei den Gemeinderatswahlen im Mai 1919 errang die SDAP die absolute Mehrheit und behielt diese bis 1934. 1920 einigten sich SDAP und Christlichsoziale auf die Trennung Wiens vom Land Niederösterreich. Der Status Wiens als Bundesland wurde im November 1920 in der Bundesverfassung festgeschrieben. Nach dem Ende der Koalition auf Bundesebene im Juli 1920 bildete das sozialdemokratisch regierte Wien mit seiner sozialpolitisch progressiven und tendenziell egalitär ausgerichteten Politik einen Gegenpol zu den verschiedenen Rechtskoalitionen auf Bundesebene und den christlichsozial regierten Bundesländern. Durch den neu gewonnenen Status als Bundesland war es Wien erstmals möglich, eigene Steuern zu erheben. Auf dieser Grundlage war Wien eine eigenständige Politik auch unter den Bedingungen der (insbesondere ab 1927) zunehmenden politischen Polarisierung zwischen sozialdemokratischem und bürgerlichem Lager möglich. Wien sollte zur Musterstadt sozialdemokratischer Gesellschaftspolitik werden, und das durch eine reformistische Politik, also die schrittweise Veränderung bestehender Institutionen und Schaffung neuer Institutionen auf demokratischem Weg.

Finanzstadtrat Hugo Breitner lehnte Kreditaufnahme aus prinzipiellen Gründen ab. Abhängigkeit von inländischen Banken, die dem bürgerlichen Lager nahestanden, oder von ausländischen Finanziers sollte vermieden werden. Die Stadtregierung führte landesgesetzlich neue Abgaben ein, insbesondere 18 indirekte Steuern auf Luxuskonsum und eine Fürsorgeabgabe. Progressiv ausgestaltet war die neue, zweckgebundene Wohnbausteuer.

In den von gravierenden Versorgungsproblemen (Nahrungsmittel, Brennstoffe), Epidemien (Spanische Grippe) und der Hyperinflation geprägten Nachkriegsjahren (1918–1923) hatte sich die Stadtregierung mit der Verelendung großer Bevölkerungsteile auseinanderzusetzen und ab 1929 mit der Massenarbeitslosigkeit und ihren Konsequenzen als Folge der Weltwirtschaftskrise und der deflationären Wirtschaftspolitik der Bundesregierung. Abgesehen davon lagen die Schwerpunkte der sozialdemokratischen Kommunalpolitik v. a. beim sozialen Wohnbau, der Gesundheits-, Fürsorge- und Sozialpolitik sowie der Bildungs- und Kulturpolitik, aber auch bei der Verkehrs- (Kommunalisierung und Elektrifizierung der Stadtbahn; Modernisierung der Straßenbahn; öffentliche Autobusse) und sonstigen Infrastrukturpolitik.

Aufgrund der extremen Wohnungsnot (die Einwohnerzahl war im Krieg auf rund zwei Millionen gestiegen), der Überbelegung von Wohnungen und der unwürdigen sanitären Wohnverhältnisse vieler Menschen war die Schaffung von neuen, qualitativ besseren Wohnungen das wichtigste Ziel der Stadtregierung.

Das Einfrieren der Mieten auf dem Niveau des Friedenszinses (Sommer 1914) und die massive Geldentwertung führten dazu, dass die Mietausgaben von durchschnittlich etwa zwanzig Prozent des Haushaltseinkommens auf rund drei Prozent sanken. Viel mehr Familien konnten sich infolge der Mieterschutzgesetzgebung eine eigene Wohnung leisten, ohne mitwohnende Verwandte oder Untermieter.

Der private Wohnbau war wegen der starken Entwertung der Friedenszins-Mieten allerdings völlig zum Erliegen gekommen. Von 1925 bis 1934 ließ die Stadt über 60.000 Wohnungen akzeptabler Größe und ausgestattet mit WC und Energieversorgung in Gemeindebauten errichten, teilweise in großzügigen Wohnbauanlagen mit Grünflächen. International erlangte der soziale Wohnbau des „Roten Wien“ hohes Ansehen. Finanziert wurde der kommunale Wohnbau vor allem aus den Erträgen der Wohnbausteuer und der Fürsorgeabgabe. Vergeben wurden die Gemeindewohnungen nach einem bedarfsorientierten Punktesystem.

Infolge der Unter-, Mangel- und Fehlernährung der Kriegs- und Nachkriegsjahre, der Grippeepidemie und der grassierenden Tuberkulose („Wiener Krankheit“) war der Gesundheitszustand vieler Menschen schlecht oder beeinträchtigt. Eine Vielzahl von gesundheits-, fürsorge- und sozialpolitischen Maßnahmen sollte dem Abhilfe schaffen. Priorität gab Stadtrat Julius Tandler dabei den Fürsorgemaßnahmen, insbesondere der Jugendfürsorge. Neue Einrichtungen waren die Kinderübernahmestelle, der schulärztliche Dienst, Schulzahnkliniken und das Säuglingswäschepaket. Tuberkulose und Säuglingssterblichkeit wurden energisch bekämpft. Viele medizinische Behandlungen erfolgten kostenlos. Die Gemeinde ließ neue Volkskindergärten, Horte sowie öffentliche Hallen- und Freibäder errichten.

Kommunale Wohnhausanlagen schlossen soziale Einrichtungen wie Kindergärten und Mutterberatungsstellen ein.

Die Sozialdemokraten sahen sich als „Bildungsbewegung". Trotz eingeschränkter Kompetenzen setzte Wien unter der Federführung von Otto Glöckel eine Schulreform um. Austromarxistische Autoren betonten die Notwendigkeit, Kinder und Erwachsene zu bilden und zu kultivieren, diese so zu demokratischer Mitbestimmung zu befähigen und dann in die Lage zu versetzen, als „neue Menschen" den Sozialismus zu verwirklichen. Kostenloser Schulbesuch und Stipendien sollten die Bildungschancen der bildungsfernen Schichten verbessern. Neue Formen der Schulorganisation (Arbeitsschule), der Schülermitbestimmung und der Erwachsenenbildung gelangten zur Erprobung. Die Volksbildung, die städtischen Büchereien und das gesamte Kulturleben wurden stark gefördert. Zu jenen kritischen Intellektuellen, die sich in der Erwachsenenbildung des „Roten Wien" engagierten, zählte auch Karl Polanyi, der von 1919 bis 1933 in Wien lebte.

Dem Hunger vieler Arbeiter und Angestellten auf Bildung, Kultur und sinnvolle Freizeitgestaltung kamen auch die rund fünfzig sozialdemokratischen Kultur- und Freizeitvereine (wie z. B. die „Freidenker", der Verein „Freie Schule" oder der „Verein jugendlicher Arbeiter") entgegen, und sie verstärkten den Bildungselan einer Minderheit weiter.

Die institutionellen Säulen des politischen Lagers der Sozialdemokratie und der Arbeiterbewegungskultur bildeten SDAP (mit Parteilokalen, Arbeiterhäusern und Vertrauensleuten), die Freien Gewerkschaften und die sozialdemokratischen Vorfeldorganisationen. Die Arbeiterbewegungskultur erlebte in Wien vor und nach dem Ersten Weltkrieg einen ihrer europäischen Höhepunkte. Sie stand in Spannung und Konflikt mit der traditionellen, „wilden" Arbeiterkultur sowie den spezifischen Berufskulturen und verstand sich als Gegenkultur zur hegemonialen bürgerlichen Kultur. Im „Roten Wien" wurde die Arbeiterbewegungskultur partiell zur hegemonialen Kultur.

Zur berücksichtigen ist freilich, dass der Minderheit der Arbeiter-Aktivisten und Bildungshungrigen eine Mehrheit von Arbeitern und Angestellten gegenüberstand, die von der sozialdemokratischen Bildungs- und Kulturarbeit nur punktuell berührt wurde und der „wilden" Arbeiterkultur oder der kleinbürgerlichen Welt verhaftet blieb. Schon ab Ende der 1920er-Jahre wurde die Arbeiterbewegungskultur in Wien von der neuen Massenkultur, also von Radio und Kino, hart bedrängt.

Ende der 1920er-Jahre geriet das „Rote Wien" auch in zunehmende politische Bedrängnis. Durch Beeinspruchung von Landesabgaben beim Verwaltungsgerichtshof und die Senkung der Ertragsanteile von Bundessteuern reduzierten sich die städtischen Einnahmen, wozu dann noch die massiven Effekte der Weltwirtschaftskrise im Allgemeinen und der Bankenzusammenbrüche im Besonderen hinzutraten. Das Ende kam im Februar 1934. Während des Bürgerkriegs wurde Bürgermeister Karl Seitz verhaftet, die Stadtregierung ihres Amtes enthoben, der Gemeinderat aufgelöst. Die autoritär regierende Vaterländische Front übernahm die Macht in Wien, das zur „bundesunmittelbaren Stadt" erklärt wurde.

London in den 1930er-Jahren: eine desorientierte Linke

Im Mai 1926 rief der mit der Labour Party verbündete Gewerkschaftsdachverband TUC einen Generalstreik aus, der sich gegen die drohenden Lohnkürzungen und Verschlechterungen der Arbeitsbedingungen für 1,2 Millionen ausgesperrte Bergarbeiter richtete. Nach neun Tagen mussten die Gewerkschaften aufgeben. Doch da sich 1,7 Millionen Arbeiter an dem Ausstand beteiligten und eine Welle von Solidarität die Arbeiterklasse erfasste, galt der Generalstreik den Gewerkschaften als „brillanter Fehlschlag". Die unter Ramsay MacDonald eher moderat ausgerichtete Labour Party lehnte den Generalstreik ab und gab ihrer Überzeugung Ausdruck, dass soziale Reformen am besten auf dem parlamentarischen Weg zu erreichen wären. Trotz dieser Haltung zum Generalstreik zog Labour in der Folge Nutzen aus dem gewachsenen Selbstbewusstsein der Arbeiterklasse und errang bei den Parlamentswahlen vom Mai 1929 mit 37,1 Prozent erstmals die relative Mehrheit.

Die Labour-Minderheitsregierung von Premier MacDonald, der zum ersten Mal eine Ministerin angehörte, wurde von den Liberalen toleriert. Aufgrund ihrer gestärkten parlamentarischen Position konnte Labour eine Anhebung des Arbeitslosengeldes und – in Reaktion auf den Generalstreik – Verbesserungen der Arbeits- und Lohnbedingungen im Kohlebergbau durchsetzen, weiters ein Programm sozialen Wohnbaus, das vormaligen Slumbewohnern zugutekam.

Als der internationale Handel im Gefolge des Kurssturzes an der Wall-Street-Börse vom Oktober 1929 einbrach, hatte das gravierende Auswirkungen auf die stark außenhandelsorientierte britische Volkswirtschaft. Schon bis Ende 1930 verdoppelte sich die Zahl der Arbeitslosen auf über 2,5 Millionen. Doch die Regierung fand, weil intern völlig uneins über den einzuschlagenden wirtschaftspolitischen Kurs, keine Antwort auf Nachfragerückgang, Beschäftigungseinbußen und den dramatischen Anstieg der Arbeitslosigkeit. Finanzminister Philip Snowden, ein Anhänger fiskalpolitischer Orthodoxie, lehnte schuldenfinanzierte Staatsausgaben (deficit spending) zur Stimulierung der Wirtschaft entschieden ab und vertrat die Notwendigkeit massiver Kürzungen der Staatsausgaben, um das Budget auszugleichen und das britische Pfund im Goldstandard halten zu können.

Hingegen schlossen Kabinettsmitglieder wie Oswald Mosley und Arthur Henderson Zustimmung zu Lohnkürzungen im öffentlichen Sektor und massiven Reduktionen öffentlicher Ausgaben, insbesondere der Arbeitslosenunterstützung, kategorisch aus. Mosley legte im Jänner 1930 ein Memorandum vor, in dem er die öffentliche Kontrolle über Importe und Banken forderte sowie Pensionserhöhungen zur Steigerung der Nachfrage. Der progressive Flügel, der die Abkehr vom Dogma des ausgeglichenen Budgets und von der deflationären Wirtschaftspolitik vertrat, fand externe Unterstützung auch beim Ökonomen John Maynard Keynes, der einen Paradigmenwechsel in der ökonomischen Theorie bewirkte und gemäß dieser eine nachfrageorientierte Wirtschaftspolitik befürwortete, und beim liberalen Parteiführer David Lloyd George, der schon 1929 Keynes' Ideen aufgegriffen hatte und für eine wirtschaftspolitische Wende zu expansiver Nachfragesteuerung eingetreten war („We Can Conquer Unemployment").

Eine von Snowden eingesetzte Kommission legte im Juli 1931 den sogenannten May-Bericht vor, der eine extrem restriktive Budgetpolitik urgierte. Im Kabinett fand diese deflationäre Ausrichtung der Wirtschaftspolitik nur eine ganz knappe Mehrheit, und die Opponenten der Orthodoxie kündigten an, eher aus dem Kabinett auszuscheiden als den anvisierten Ausgabenkürzungen zuzustimmen. Im August 1931 trat die Regierung MacDonald zurück.

Angesichts der Zuspitzung der wirtschaftlichen Krise entsprach MacDonald dem Wunsch des Königs und bildete mit Liberalen und

Konservativen eine Allparteienregierung. Hauptziel der „Nationalen Regierung" war ein ausgeglichenes Budget. Doch schon im September 1931 musste Großbritannien den Goldstandard verlassen. Labour Party und TUC distanzierten sich offiziell vom Programm der neuen Regierung, und MacDonald wurde aus der Partei ausgeschlossen. Die Labour Party spaltete sich. Die nun von Henderson geführte Partei erlitt bei den Parlamentswahlen im Oktober 1931, wo sie gegen die „Nationale Koalition" der Regierungsparteien antrat, eine vernichtende Niederlage. Aufgrund ihrer Unfähigkeit, die dramatisch gestiegene Arbeitslosigkeit – insbesondere auch in gewerkschaftlich hoch organisierten Branchen wie Bergbau, Stahlindustrie, Schiffbau und Textilindustrie – zu bekämpfen, hatte Labour das Vertrauen großer Teile der britischen Arbeiterklasse verloren. Hinzu kam, dass sich die katholische Kirche, auch aufgrund des sowjetfreundlichen außenpolitischen Kurses der Labour Party, von dieser ausdrücklich distanziert hatte. Infolgedessen büßte Labour einen erheblichen Teil der 2,5 Millionen Stimmen der irisch-katholischen Wählerschaft ein. 1932 erlitt die Partei mit der Gründung der Independent Labour Party eine weitere Abspaltung.

In diesem Zustand der Spaltung, Zerstrittenheit und Desorientierung befand sich die britische Linke, als Karl Polanyi 1933 nach London kam. Nicht nur war Labour uneinig über die wirtschaftspolitischen Maßnahmen zur Bekämpfung der Wirtschaftskrise, sondern auch hinsichtlich der Politik gegenüber der Sowjetunion und des Umgangs mit dem nationalsozialistischen Regime in Deutschland.

Über langjährige Freunde hatte Polanyi intensive Kontakte mit dem Labour-Flügel der christlichen Sozialisten und war in deren Einrichtungen als Erwachsenenbildner tätig. Das Ausmaß der Desorientierung weiter Teile der demokratischen britischen Linken kam auch darin zum Ausdruck, dass selbst christliche Linke – unter ihnen Karl Polanyi – in Stalins Terrorregime ein Paradies der Werktätigen sahen.

Die McCarthy-Ära in den USA 1950–1954

Es waren wohl der Kalte Krieg, der regional begrenzt in Korea zu einem heißen Krieg mutierte, und die Häufung von aufgedeckten Korruptionsfällen, die einem rechten Demagogen namens Joe McCarthy den Aufstieg ins nationale Rampenlicht und in der Folge eine antikommunistische Hysterie, die sogenannte „zweite Rote Panik“, ermöglichten.

Die Sowjetunion verfügte seit August 1949 über eine Atombombe. Im Oktober 1949 proklamierte Mao die Volksrepublik China. Und im Juni 1950 fielen Truppen des kommunistischen Nordkorea in Südkorea ein. Diese ungewohnten Erfahrungen massiver außenpolitischer Rückschläge schockten die amerikanische Gesellschaft und bewirkten eine Desorientierung.

Mit der Unbekümmertheit des echten Demagogen, was die Wahrheit angeht, schrie der republikanische Senator McCarthy ab 1950 hinaus, dass die Kommunisten und die linken Intellektuellen an allem Unheil schuld wären.

Die politische Stimmung drehte sich gegen die seit 1933 dominanten Demokraten. Ersten Ausdruck fand dies in dem 1950 verabschiedeten „Gesetz über die innere Sicherheit“, das ausländischen Mitgliedern von kommunistischen Organisationen die Einreise verweigerte. (Karl Polanyis Ehefrau Ilona Duczyńska war daher die Einreise in die USA nicht möglich.)

Nach dem Sieg von Dwight D. Eisenhower in der Präsidentschaftswahl von 1952 für die Republikaner begann die große Zeit McCarthys, der rasch eine antiintellektuelle, nationalistische und auch antisemitische Anhängerschaft fand.

McCarthy und seine Verbündeten nutzten die Vorsitze in wichtigen parlamentarischen Ausschüssen zu einer wahren Hexenjagd gegen linke Intellektuelle, Wissenschaftler und Lehrer sowie zu einem Angriff gegen vermeintliche kommunistische Tendenzen in der Unterhaltungsbranche und im Regierungsapparat. McCarthy, ein skrupelloser Psychopath, genoss seine Macht und seine persönliche Geltung.

Viel zu lang tolerierte Präsident Eisenhower das Wüten McCarthys, bevor er sich öffentlich von ihm distanzierte. Widerrechtliche Vorteile für einen Günstling hatten 1954 die Einleitung einer parlamentarischen Untersuchung gegen McCarthy selbst zur Folge. Die im TV übertragenen Verhandlungen enthüllten die skrupellosen Vorgangsweisen des Politikers, und die öffentliche Stimmung schlug gegen ihn um. Im Dezember 1954 endeten der Höhenflug McCarthys und die weitverbreitete Hysterie.

KARL POLANYI IN BUDAPEST

Ein Schlüsselmoment im Leben des jungen Polanyi und die Lage der Juden Anfang des 20. Jahrhunderts

GARETH DALE

In biografischer Hinsicht war Karl Polanyis Vertreibung von der Universität der aufschlussreichste Moment seines frühen Lebens. Ich meine das nicht nur in dem engeren Sinne, dass sie direkt zu seiner Bildung des Galileo-Kreises führte, einer von Studenten geleiteten Organisation, die sich der moralischen Erneuerung und sozialen Reform verschrieb. Ich meine es auch in einem tieferen Sinn. Sie bietet eine Momentaufnahme von Polanyis „polarisierter" Existenz, mit einem Fuß am Rand der Gesellschaft, mit dem anderen in deren Zentrum.

Betrachten wir die Achsen von Privilegien und Unterdrückung, zeigt die mitteleuropäische Periode von Polanyis Leben ein Bild von Gegensätzen. Er lebte nur in den Hauptstädten der Doppelmonarchie (abgesehen von ein oder zwei Jahren des erzwungenen Exils in Kolozsvár), aber niemals in einer kleinen Stadt oder in einem Dorf. Seine Muttersprache war Deutsch, die Lingua franca des Habsburgerreiches. Mit seiner wohlhabenden Familie bewohnte er eine prächtige Wohnung an Pests begehrtestem Boulevard, der Andrassy út. Obwohl die Familie nach der Liquidierung der Geschäfte seines Vaters gezwungen war, in ein kleineres Haus in der Ferenciek tere umzuziehen, war auch dies noch eine „gute Adresse" an einem Ort mit mehr als einem imposanten Gebäude, einschließlich der Klothilden-Paläste. Als Kind erhielt Polanyi intensiven Privatunterricht und wurde an das beste Gymnasium geschickt. Er trat dann in die höchste Universität des Landes ein, wo er brillierte – bis zu seiner Relegation.

Der Hintergrund für Polanyis Relegation war der steigende Antisemitismus. Die Universität von Budapest war eine Hochburg des

Antisemitismus, und während Polanyis Studentenjahren erreichte die Polarisierung zwischen rechten und linken (vorwiegend jüdischen) Studenten einen Höhepunkt. Antisemitische Studenten und Universitätsbeamte beschuldigten einen prominenten jüdischen Soziologen, Gyula Pikler, antichristliche Botschaften zu vermitteln, und als ein Vortrag von Pikler bei der sozialistischen Studentengesellschaft, zu der Polanyi gehörte, von konservativen Kommilitonen gestört wurde, reagierte dieser physisch, indem er sie hinauswarf – eine Tat, für die er exmatrikuliert wurde.

Als der Judenhass im Vorkriegs-Ungarn wuchs, sahen sich Polanyi und seine Kollegen zunehmend ihrer vollen nationalen Rechte beraubt. Antisemiten beschuldigten Juden, die Wirtschaft, die Bildung und die freien Berufe zu übernehmen, und beschworen ein Bild von Flüchtlingswellen ländlicher jüdischer Einwanderer aus dem Osten herauf. Je größer der Erfolg war, den Juden in den begrenzten Bereichen des Wirtschaftslebens erreichten, die ihnen offenstanden, desto lauter wurden sie als Krebsgeschwür und Eindringlinge identifiziert. Eine Form des Antisemitismus, die sich gegen den „östlichen" Juden richtete, stereotypisierte Juden als Separatisten: Sie hielten an ihren kulturellen Traditionen fest und weigerten sich, ihre Identität im warmen Bad der modernen Staatsbürgerschaft aufzulösen. Ein anderes Vorurteil richtete sich gegen „westliche" Juden. Diese würden den Verlust „traditioneller Werte" verkörpern, den Ungarn angeblich erlebte. Juden wurden als die wurzellosen Kosmopoliten bezeichnet, die drohten, die Nation zu korrumpieren.

Juden befanden sich in einer Zwickmühle. Eine „kosmopolitische" Identität bot die Möglichkeit, die ethnische Identität der Separatisten zu verleugnen, die vom „östlichen" Stereotyp verurteilt wurde. Andererseits identifizierte das „westliche" Klischee den Kosmopolitismus als eine typisch jüdische Eigenschaft und verwandelte so eine Methode, die jüdische Identität herunterzuspielen, zu ihrem hervorstechenden Merkmal. Letztendlich war der einzig akzeptable Jude der Nichtjude, aber das Aufzeichnen irgendeines Weges zu diesem Ziel konnte nur bestätigen, was es zu verleugnen versuchte. Wenn eine Jüdin ihre traditionellen Bräuche und ihr Aussehen beibehielt, würden sie als die einer Ghetto-Jüdin stereotypisiert werden; sollte er sich assimilieren wollen, würde dies als doppelte Tarnung gedeutet.

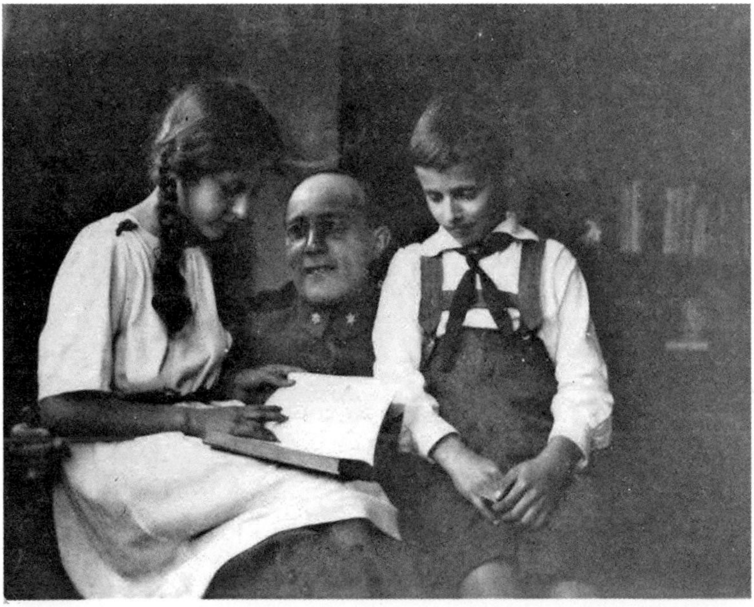

Karl Polanyi als Soldat in Budapest mit Nichte und Neffe Eva und Michael Striker

Foto: Kari Polanyi-Levitt

Wenn je eine Stadt den Zusammenfluss westlicher und östlicher Juden erlebte, dann war es Budapest. Nirgendwo in Mittel- und Osteuropa waren die Juden mehr integriert und weltlicher als im Pest von Polanyis Jugend. Sie waren wesentliche Elemente der wirtschaftlichen und kulturellen Renaissance Ungarns. Und zugleich war Budapest ein bevorzugtes Ziel von Juden, die vor den Pogromen im zaristischen Russland flüchteten. Die Neuankömmlinge sahen sich dem Rassismus eines Standardformats gegenüber, auch von ihrer „eigenen Verwandtschaft". Sie wurden als sozial „minderwertig" angesehen, und dieses Vorurteil wurde rassifiziert.

In gewissem Sinne wurde der Ostjude zur „hässlichen Schwester" des westlichen Juden, die das antisemitische Ungarn nur zögerlich adoptierte. Assimilierte Juden konnten darauf auf vielfältige Weise reagieren. Eine Reaktionsweise wollte die Ostjuden vermenschlichen und in etwa behaupten: „Seht genauer hin: Sie sind schön!" Eine Minderheitsansicht stellte der revolutionäre Sozialismus dar, dessen Universalismus die Assimilation begünstigte, aber keinen Kompromiss mit Rassismus duldete. („Die Hässlichkeit ist nicht ihre, es ist die des Antisemitismus!“) Aber häufiger als beide war bei assimilierten Juden die Verachtung für ihre östlichen Geschwister, die sie sogar als „Asiaten“ verunglimpften. Diese Haltung zeugte von Arroganz, aber auch von selbstverleugnender Ortlosigkeit und von einer Internalisierung des Rassismus. („Der Jude in mir wäre nicht hässlich, wenn er nicht auch in ihr wäre.“)

Wie durchmaß Polanyi diese tückische Landschaft? Er neigte sicherlich zu kosmopolitischer Sensibilität. Dennoch distanzierte er sich von dem radikalen Internationalismus, der Nationalstaaten als die charakteristische politische Form des Kapitalismus und die organisierende Kraft von Fremdenfeindlichkeit wahrnimmt. Stattdessen strebte er eine pflichtbewusste Teilnahme an der ungarischen Nation an und meldete sich im Krieg sogar – munter und gedankenlos – freiwillig als Offizier.

Kurz, während er sich sowohl in seiner „nationalen“ als auch in seiner „ethnischen“ Identität unwohl fühlte, neigte er dazu, die eine anzustreben und die andere zu verunglimpfen. Obwohl ein eingeschworener Feind des ungarischen Chauvinismus, bestand er darauf, dass die unterdrückten Nationalitäten unter der Vorherrschaft der Großmagyaren zusammengehalten werden sollten – ihr Recht auf Sezession unterstützte er nicht.

Man könnte mutmaßen, dass sein ethnisches und sein Klassenmilieu diese Position beeinflussten. Österreich-Ungarns assimilierte Juden bildeten sozusagen ein Staatsvolk. Obwohl sie im Schwung ihrer staatsvölkischen Integration in die magyarisch Nation oft harte Unterdrückung erlitten hatten, konnten sie die Diskrepanz zwischen ihren Träumen und denen anderer Nationalitäten nur schwer verstehen. Warum, so fragten sie sich, sollten Slowaken oder Rumänen nicht ebenso mit der Integration in den Großraum Ungarn zufrieden sein? Eine ähnliche Denkweise galt für die Juden des östlichen Ghettos. Assimilierte Juden neigten dazu, sie mit Herablassung oder Verachtung zu sehen. In Polanyis Augen schienen sie sich der Modernität und dem Fortschritt störrisch zu widersetzen.

In Budapest war Polanyi also eine Art musterhafter „bürgerlicher Radikaler“. Einerseits kämpfte er als Feuerkopf und politischer Organisator für Demokratisierung und humanitäre Reformen. Andererseits war er der Spross eines privilegierten Händlers, ein pflichtbewusster Soldat eines repressiven Imperiums und ein Anhänger der magyarischen Vorherrschaft.

Erst später, in seinen letzten ein oder zwei Jahren in Ungarn und dann in den 1920er-Jahren in Wien und ab 1933 in Großbritannien, entwickelte Polanyi jene sozialistische Perspektive, für die er bekannt wurde. Im Mittelpunkt stand bei ihm die These, dass der Liberalismus durch die Unterstützung des „Freihandels" und der Vermarktung der Welt (einschließlich der Arbeiter und der Natur) soziale Entwurzelung und Umweltkatastrophen hervorruft und verschiedene Formen von Rückschlägen provoziert – inklusive, am hässlichen Ende des Spektrums, Faschismus. Wenn es ein bleibendes Ergebnis von Polanyis Arbeit gibt, dann mit Sicherheit dieses.

Gareth Dale:
Karl Polanyi – A Life on the Left.
Columbia University Press, 2016

„THE EARLIEST BEGINNINGS OF HIS LATER TEACHING LIFE“

Karl Polanyi in der Volksbildung

SABINE LICHTENBERGER

Karl Polanyi wurde 1886 in eine wohlhabende bürgerlich-liberale jüdische Familie in Wien geboren. Der Vater Mihaly (1848–1905) war als Ingenieur und Eisenbahnunternehmer tätig. Nachdem die Familie aus beruflichen und wirtschaftlichen Gründen nach Budapest übersiedelte, wuchs Karl in Budapest auf. Seine Mutter Cécile „Tsipa“ Wohl (1862–1939), die Tochter eines litauischen Rabbiners, war hochgebildet und betrieb in Budapest in der noblen Andrássy út 2, einer Prachtstraße wie die Wiener Ringstraße mit der Oper und zahlreichen Palais von Geschäftsleuten, Industriellen und Bankiers, berühmten Einkaufshäusern und Cafés, einen literarischen Salon, schrieb Artikel über Kunst, Pädagogik, Psychoanalyse und auch politische Essays, war aber auch in der Volksbildung tätig. Aus der Ehe gingen sechs Kinder hervor. Ein Bruder war Michael Polanyi (1891–1976), ein ungarisch-britischer Chemiker und Philosoph, seine politisch ebenfalls aktive Schwester Laura Polanyi (1882–1957) hatte ebenfalls eine außergewöhnliche Biografie als Feministin und Autorin.

Karoly/Karl studierte in Budapest Jus und Philosophie. Bereits in die Budapester Zeit fallen die Anfänge seiner volksbildnerischen Tätigkeit, indem er als Gründer und erster Vorsitzender des vorwiegend aus jüdischen Studentinnen und Studenten der Budapester Universität gegründeten Galilei-Kreises (Galilei Kör) an der Verbreitung der Ideen des bürgerlichen Radikalismus und der Naturwissenschaften unter den ungarischen Studentinnen und Studenten und den organisierten Arbeiterinnen und Arbeitern beteiligt war. Er promovierte 1909 im siebenbürgischen Klausenburg (ung. Kolzsvar) zum Dr. iur. und war dann kurze Zeit als Rechtsanwalt tätig. „Wirklich gewollt hat er das aber nie, er wollte ein freier und unabhängiger Intellektueller sein", so seine Tochter Kari Polanyi-Levitt in einem Interview. Im Ersten Weltkrieg diente er als Kavallerieoffizier und wurde nach einer schweren Verwundung aus dem Militärdienst entlassen. Im Juni 1919 flüchtete Karl Polanyi, nachdem er von dem nach der Niederschlagung der Räterepublik an die Macht gekommenen Horthy-Regime zur unerwünschten Person erklärt worden war, nach Wien. In Wien arbeitete er als Privatsekretär des ebenfalls nach Österreich geflüchteten Schriftstellers, Politikers und Soziologen Oszkár Jászi (1875–1957), schrieb Artikel für die *Bécsi Magyar Ujság* (Wiener Ungarische Nachrichten), einer Zeitung, die sich bei ungarischen Emigrantinnen und Emigranten großer Beliebtheit erfreute. Ab 1924 war Polanyi außenpolitischer Redakteur des *Österreichischen Volkswirtes*, dessen Redaktion sich in der Porzellangasse 27, 1090 Wien befand.

1920 traf er in der Hinterbrühl, in der von der Pädagogin Eugenie Schwarzwald (1872–1940) betriebenen „Helmstreitmühle", wo er und auch andere ungarische Flüchtlinge Erholung und Verpflegung erhielten, seine zukünftige Frau Illona Duczyńska (1897–1978), eine polnisch-ungarische Kommunistin. Die Tochter Kari wurde 1925 geboren und wuchs in der Vorgartenstraße 203 im zweiten Wiener Gemeindebezirk auf. Die Wohnung der Familie war auch Treffpunkt eines intellektuellen Zirkels, zu dem u. a. der Philosoph Aurel Kolnai (1900–1973), der Ökonom Peter Drucker (1909–2005), die beiden Mitautoren der 1933 erschienenen Studie über die Arbeitslosen von Marienthal, Hans Zeisel (1905–1992) und Paul Lazarsfeld (1901–1976), und der Philosoph und Wissenschaftstheoretiker Karl Popper (1902–1994) gehörten. Karl Poppers Onkel, Walter Schiff (1866–1950), Professor für Wirtschaft und Statistik und Obmann-Stellvertreter der „Volkshochschule Wien – Volksheim" war es auch, der Karl Polanyi eingeladen hatte, auch Volkshochschulseminare abzuhalten.[1]

Der Wiener Volksbildungsverein geht auf das Jahr 1897 zurück. Die Gründer kamen aus dem liberalen Bürgertum, nationalen akademischen Kreisen, aber auch aus der Arbeiterschaft. Ab 1893 bil-

[1] Hacohen 2000, 118.

dete der Wiener Verein mit dem Volksheim Ottakring, dessen neues Haus 1905 am Ludo-Hartmann-Platz 7 eröffnete und bis dahin in einem Kellerlokal am Urban-Loritz-Platz 1 untergebracht war, der 1910 eröffneten Urania, den Zweigstellen in den Wiener Bezirken und den volkstümlichen Universitätskursen den Grundstock der Wiener Volksbildung der Ersten Republik. Dort hat sich neben der Wiener Salon- und Kaffeehauskultur ein „kreatives Milieu" entwickelt, wo sich Wissenschaft und Kunst einem breiteren Publikum öffnen sollten und namhafte Vortragende Kurse und einzelne Vorträge abhielten.

Karl Polanyi selbst hielt vor allem in der 1920 gegründeten VHS-Zweigstelle Leopoldstadt/Zirkusgasse 48 Kurse, die von der „Zentrale" in der Volkshochschule „Volksheim" organisiert wurden, ab: 1930/1931 ausgewählte Probleme der Volkswirtschaft und Einführung in die Volkswirtschaftslehre und im Rahmen der Fachgruppe Touristik den Einführungsvortrag über die Volkwirtschaft Italiens für die Studienreise nach Italien. 1931 hielt er Vorträge über ausgewählte Probleme der Weltwirtschaft und Grundlagen des modernen Wirtschaftslebens. 1932/33 über aktuelle Probleme der Wirtschaft, die Markt- und Planwirtschaft und wirtschaftliche Tagesfragen und noch 1933/34 über „Preis, Geld und Kapital" und über wirtschaftliche Tagesfragen. Polanyi stand in Wien aber auch in engem Kontakt mit dem nach Ernst Mach (1838–1916) benannten Verein Ernst Mach, der Teil der Wiener Arbeiterbildungsbewegung und zugleich Verteilungsorgan des Wiener Kreises war und sich wie der in Budapest gegründete Galilei-Kreis zum Ziel gesetzt hat, die wissenschaftliche Weltauffassung auf dem Wege der Volksbildung zu „popularisieren", und wirkte in diesem Kreis als Vortragender mit.

Als im Zuge der Ereignisse der Jahre 1933/34 an einen Verbleib in Österreich nicht mehr zu denken war, flüchtete Karl Polanyi, wie auch viele andere Wirtschaftswissenschaftlerinnen und Soziologinnen, wie etwa Otto Neurath (1982–1945), Emil Lederer (1982–1939), Walter Schiff (1866–1950), Marie Jahoda (1907–2001), Eduard März (1908–1987) und Edgar Zilsel (1891–1944), um nur einige von ihnen zu nennen, aus Österreich. Sein Weg führte ihn nach England, wohin ihm auch seine Frau und seine Tochter folgten. Dort kam ihm zunächst zugute, dass sein Beschäftigungsverhältnis zum *Österreichischen Volkswirt* als

„Auslandskorrespondent" weiterbestand.[2] Daneben konnte er aber auch seine Lehrtätigkeit in der Volksbildung fortsetzen, so etwa bei der Workers Educational Association (WEA) und in Fortbildungsveranstaltungen der Christian Left, also der Christlichen Linken, dem Pendant des Bundes der Religiösen Sozialisten unter dem „Kleinen Otto Bauer" (1897–1986) im „Roten Wien", denen sich Karl Polanyi bereits in Wien angenähert hatte.[3] Weiters übte er eine Lehrtätigkeit in der „Externistenabteilung" der Universität Oxford und an verschiedenen Instituten der Universität von London aus („foreign editor"). Diese Lehrtätigkeit brachte ihn in Kontakt mit dem Leben der britischen Arbeiter/-innenklasse. „He was teaching – and he was learning", meinte seine Tochter über diese Zeit.[4] Die wöchentlichen Kurse hielt er in kleinen Städten und Dörfern von Sussex und Kent und in den Kohlenminen-Distrikten von East Kent, die er mit den Bussen der „Green Line" erreichte. Da sich

2 Stadler 1987, 425.

3 Henseler 2010 (siehe unter http://www.unitarier.at/ph_polanyi10.pdf, S 2, abgerufen am 27.08.2018).

4 Kenneth/Polanyi-Levitt 2000, 311.

nach den Kursen oft nicht mehr die Möglichkeit zur Heimreise ergab, blieb Karl Polanyi oft bei einem der Kursbesucher oder in einer anderen Unterkunft über Nacht, was ihm die Möglichkeit gab, viel über die Arbeiterinnen und Arbeiter, ihre Familien und ihre Arbeitsbedingungen zu erfahren. Wissen, das in den Analysen der wirtschaftlichen und sozialen Folgen der industriellen Revolution in seinem Hauptwerk „The Great Transformation" seinen Niederschlag gefunden hat.

1940 flüchtet er weiter in die USA, wo er seine Lehre an amerikanischen Universitäten fortsetzen konnte. Ob Karl Polanyi nach seiner Flucht aus Österreich noch einmal nach Österreich zurückgekehrt ist, kann die Tochter nicht mit Sicherheit sagen, sie erinnert sich aber, dass die Eltern kurz vor seinem Tod 1964 eine Reise nach Ungarn unternommen haben, um dort Verwandte zu besuchen. Die Besuche in Europa waren aber immer privat, eine offizielle Einladung nach Österreich erhielt Karl Polanyi vermutlich nie.

Quellen (Auswahl)

McRobbie, Kenneth/Kari Polanyi-Levitt (2000), Karl Polanyi in Vienna. The Contemporary Significance of The Great Transformation. Montréal: Black Rose Books.
Henseler, Peter (2010), Was uns Karl Polanyi heute noch zu sagen hat (Online unter http://www.unitarier.at/ph_polanyi10.pdf).
Malachi Haim Hacohen (2000), Karl Popper – The Formative Years, 1902–1945. Politics and Philosophy in Interwar Vienna. Cambridge: Cambridge University Press.
Stadler, Friedrich (Hg., 1987), Vertriebene Vernunft I. Emigration und Exil österreichischer Wissenschaft 1930–1940. Wien: Jugend und Volk.
Stadler, Friedrich (1997), Studien zum Wiener Kreis. Ursprung, Entwicklung und Wirkung des Logischen Empirismus im Kontext. Frankfurt am Main: Springer.

Links:

VHS-Archiv Datenbank: http://archiv.vhs.at/vhsarchiv_suche.html?offset=0&pageinput=&rid=726853420.
https://oe1.orf.at/programm/20140422/346243.

III

Inhalte Wirkungen

Große Bücher können auch sehr verderbliche Bücher sein, sagte ein konservativer Kritiker über Polanyis Hauptwerk, „The Great Transformation". Wie ist es entstanden, wodurch wurde es motiviert? Und wie wird es gegenwärtig, oft in bester Absicht, missverstanden? Wie verhält sich Polanyis Werk zu dem seiner einflussreichen Zeitgenossen Ludwig von Mises, Friedrich Hayek und John Maynard Keynes? Was bedeuten Polanyi'sche Begriffe wie „fiktive Waren"? Und wie hilft uns Polanyis Analyse in Bezug auf Pflege, Digitalisierung, Wissenschaft in Zeiten, da alles dem Markt unterworfen ist?

THE GREAT TRANSFORMATION: REFLEXIONEN ÜBER EINE LIBERALE ILLUSION

Wie Karl Polanyis Hauptwerk „The Great Transformation" entstand, wie und wann es erschien und in welche Zeit es fiel

ANDREAS NOVY UND RICHARD BÄRNTHALER

Karl Polanyi ist ein Denker in Zeiten großer Veränderung, der Neuordnung der Gesellschaft. Umbrüche zu verstehen wurde zu seinem Lebensthema, ihm gleichsam durch die mitteleuropäischen Erfahrungen aufgezwungen, beginnend mit der Tragödie des Ersten Weltkriegs, die er als Kavallerieoffizier in Galizien bis zu seiner schweren Verwundung 1917 miterlebte. Polanyi, Kind einer bildungsbürgerlichen, später fast verarmenden Budapester Familie, wuchs in liberalen und fortschrittsoptimistischen Kreisen auf. Dementsprechend radikal war der Bruch, den der Große Krieg brachte. Eine Epoche schien an ihr Ende gekommen.

Schon 1920 fragte Polanyi nach dem Grund für den Zusammenbruch einer kosmopolitischen Zivilisation, die im „hundertjährigen Frieden" zwischen dem Wiener Kongress und dem Weltkrieg 1914 entstand: „Niemand bezweifelt, dass das Maß des Leidens (der letz-

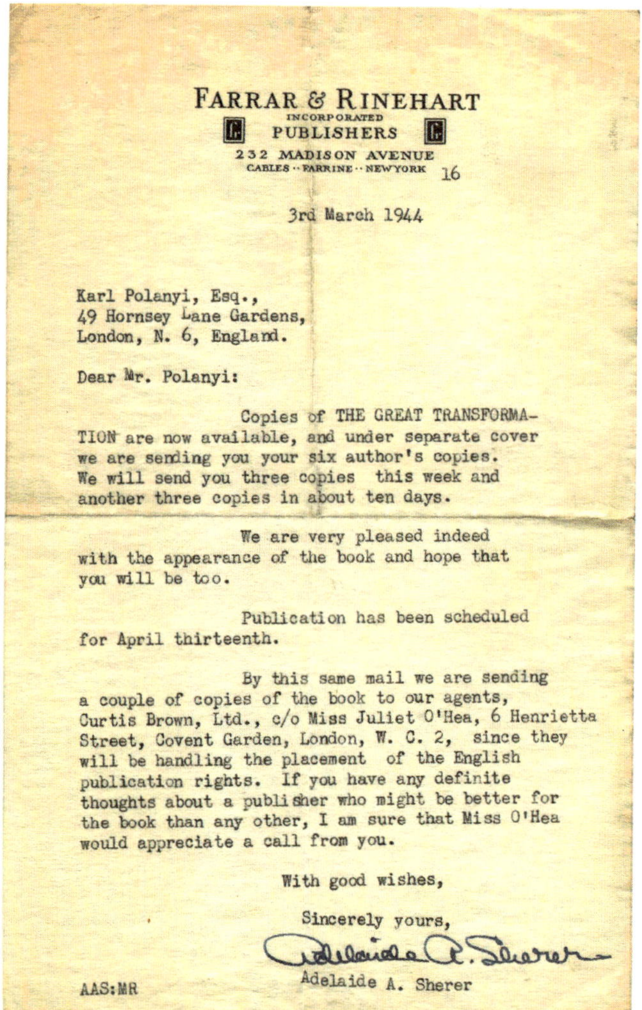

FARRAR & RINEHART
INCORPORATED
PUBLISHERS
232 MADISON AVENUE
CABLES ·· FARRINE ·· NEWYORK 16

3rd March 1944

Karl Polanyi, Esq.,
49 Hornsey Lane Gardens,
London, N. 6, England.

Dear Mr. Polanyi:

Copies of THE GREAT TRANSFORMATION are now available, and under separate cover we are sending you your six author's copies. We will send you three copies this week and another three copies in about ten days.

We are very pleased indeed with the appearance of the book and hope that you will be too.

Publication has been scheduled for April thirteenth.

By this same mail we are sending a couple of copies of the book to our agents, Curtis Brown, Ltd., c/o Miss Juliet O'Hea, 6 Henrietta Street, Covent Garden, London, W. C. 2, since they will be handling the placement of the English publication rights. If you have any definite thoughts about a publisher who might be better for the book than any other, I am sure that Miss O'Hea would appreciate a call from you.

With good wishes,

Sincerely yours,

Adelaide A. Sherer

AAS:MR

"We are very pleased indeed with the appearance of the book..." – Brief des Verlegers an Polanyi zum Erscheinen von „The Great Transformation"

Foto: Archiv

ten sechs Jahre) noch lange nicht vollständig ist. Es scheint selbstverständlich, dass uns dies befiehlt, eine rastlose Suche nach dem Ursprung dieser Qual und dieses Schmerzes zu betreiben, so dass wir sie einzeln und zusammen eliminieren können. Aber die Notwendigkeit, die Ursprünge unserer Zeit zu kennen und zu verstehen, wird weder wahrgenommen noch anerkannt" (Kari Polanyi Levitt, The Life and Work of Karl Polanyi [1990], S. 119). Es sollte Jahre dauern, bis Polanyi in „The Great Transformation. The Political and Economic Origins of Our Time" Antworten auf diese existenzielle Frage findet. Wie kann man die Wirtschaft des Maschinenzeitalters, unserer modernen technologischen Gesellschaft, so organisieren, dass die Produktion gesellschaftliche und kulturelle Bedürfnissen befriedigt und sozialen Zusammenhalt aufrechterhält?

„The Great Transformation" zeichnet Polanyis Lebensgeschichte nach. In einem Brief Michael Polanyis an seinen Bruder kurz vor Erscheinen des Buches fasste jener dessen Bedeutung zusammen. Es drücke „ziemlich gut alles aus, was du zu sagen hattest" und gebe den „Gedanken und Leidenschaften eines Lebens" Ausdruck. So persönlich sei es, „so leidenschaftlich und eloquent in deinem eigenen besonderen Gefühlston" (Gareth Dale, Karl Polanyi – A Life on the Left [2016], S. 172), dass es einfach von keinem anderen hätte geschrieben werden können.

Das im April 1944 erschienene Buch durchlief in den vergangenen fast 75 Jahren eine wechselvolle Geschichte. In neun Sprachen übersetzt, litt es darunter, dass die lebhaften Diskussionen der beginnenden 1940er-Jahre über eine neue Weltordnung mit dem Kalten Krieg abrupt zu einem Ende kamen. Auch die repressive McCarthy-Ära verhinderte, dass die Analyse und insbesondere die politischen Implikationen Gegenstand öffentlicher Debatten wurden. Noch vor Fertigstellung der „Great Transformation" hatte Polanyis US-Verleger von ihm eine Fortsetzung erbeten. Das Manuskript aus dem Jahr 1943 trug den vorläufigen Titel „The Common Man's Master Plan". Die Texte liegen auf Deutsch im Buch „Polanyi neu entdecken" vor. Das Manuskript wurde dort dankenswerterweise, aber erst 2015 von Michael Brie dem deutschen Publikum zugänglich gemacht.

An die „einfachen Leute" („common man") gerichtet, hätte der Text versucht, eine einfache, aber praktisch relevante Erzählung über die Ursachen der „Weltkatastrophe“ und die anstehenden Lösungen zu entwickeln. Polanyi konnte mit seinen Erklärungsversuchen die Debatte über die Nachkriegsordnung jedoch nicht beeinflussen.

Die Lesart der „Great Transformation“, die fortan bestimmend wurde, war eine andere. Sie ergab sich aus dem Themenfeld, dem sich Polanyi nach 1944 zuwandte: der Anthropologie und Wirtschaftsgeschichte. Wurde es in den „Goldenen Jahrzehnten“ nach dem Krieg still um Polanyis Hauptwerk, änderte sich dies mit der 1968er-Bewegung und ihrer Kritik an der Industriegesellschaft. 1977 wurde die „Great Transformation“ von der britischen *Times* als eines der „größten Bücher des 20. Jahrhunderts“ gefeiert. 1977 erschien auch die erste deutsche Übersetzung im Europaverlag, schon 1978 die „klassische“ Suhrkamp-Ausgabe. Die neue Lesart wird am Titel sichtbar: „The Great Transformation – Politische und ökonomische Ursprünge von Gesellschaften und Wirtschaftssystemen“. Aus dem Singular des Originals wird im Deutschen ein Plural. Dieser Lapsus wurzelt in einer posthumen Umdeutung dessen, was unter großer Transformation verstanden wird: Fortan wird Polanyi mit der auf der Rückseite der deutschen Ausgabe formulierten Thematik assoziiert: „Soll der Industrialismus nicht zur Auslöschung der Menschheit führen, dann muß er den Erfordernissen der menschlichen Natur untergeordnet werden.“

Diese Zusammenfassung ist zwar nicht grundlegend falsch, jedoch in hohem Maße verzerrend. „The Great Transformation“ ist nicht vorrangig eine Kritik an der Industriegesellschaft. Der Übergang von der Agrar- zur Industriegesellschaft erklärt keineswegs, was Polanyi unter der „großen Transformation“ verstand. Die „große Transformation“, wie Polanyi sie sah, stellte vielmehr den Aufstieg des Faschismus als eine Reaktion auf den Versuch einer Wiederherstellung der illusionären wirtschaftsliberalen Doktrin des 19. Jahrhunderts dar, eine Doktrin, die die Steuerung von Gesellschaften einer reinen Marktlogik unterwirft. Es ging Polanyi also nicht darum, Industriegesellschaften zu dämonisieren, sondern um die Frage, in welcher Weise Gesellschaften in diesem „Maschinenzeitalter“ ohne große Verwerfungen organisiert werden können. Ein Schuss Romantik paart sich in Polanyis Analysen mit der Einsicht, dass der technische Fortschritt nicht rückgängig gemacht werden kann und dass die liberalen Werte von Individualismus und dem Recht auf Nonkonformität nicht rückgängig gemacht werden sollen. In diesem Spannungsverhältnis bewegt sich Polanyis Denken ein Leben lang. Er denkt dialektisch und vielfach auch pragmatisch, mit einem feinen Sensorium für totalitäres Denken.

Wie konnte eine Wirtschaftsweise dominant werden, in der Angst vor Hunger und Streben nach Nutzen und Gewinn zur Triebkraft einer ganzen Gesellschaft werden? Wie konnten ökonomische und materialistische Motive losgelöst werden von Fragen des Status, des Anstands und der gewachsenen Traditionen und Routinen? Polanyi glorifiziert traditionelle Gesellschaften keinesfalls. Wohl aber prägt seine Kritik eine tiefe Verachtung des Utilitarismus und dessen, was später Massenkonsumgesellschaft genannt werden sollte. Traditionelle Gemeinschaften helfen ihm zu relativieren, was als normal anzusehen ist. Polanyis Hoffnung wurzelte in einer auf Demokratie und Gleichheit, Individualismus und Verantwortung basierenden westlichen Moderne. Darauf, die Lebensgrundlagen so zu organisieren, dass alle Menschen frei und gut leben können.

Ende der 1930er-Jahre findet Polanyi eine neue Erklärung für den Zusammenbruch der Welt des 19. Jahrhunderts. Mit „großer Transformation" als Epochenbruch meint Polanyi also ausdrücklich nicht einen bloßen Übergang von der Agrar- zur Industriegesellschaft, sondern das Ende des desaströsen wirtschaftsliberalen Experiments. In den „konservativen" 1920er-Jahren waren die Machthaber darangegangen, die Vorkriegsordnung wiederherzustellen. Diese basierte laut Polanyi auf vier Bausteinen: einer internationalen Ordnung, in der kein Land allein dominant sein konnte; dem Goldstandard, der die Weltwirtschaft mit einer Währung integrierte und dessen Wiederherstellung und endgültige Abschaffung die Zwischenkriegszeit prägte; dem sich selbst regulierenden Markt, der ungeahnte Produktivkräfte freisetzte und gleichzeitig Lebensgrundlagen zerstörte; und viertens dem liberalen Staat.

Als leitender Redakteur des *Österreichischen Volkswirts* verfolgte Polanyi Wirtschaft und Politik in Europa genau. Vertraut mit den aktuellen Ereignissen der „konservativen" 1920er- und „revolutionären" 1930er-Jahre bettet er in seinen Analysen das Aktuelle in größere Zusammenhänge ein. Das „Rote Wien" der Zwischenkriegszeit trug

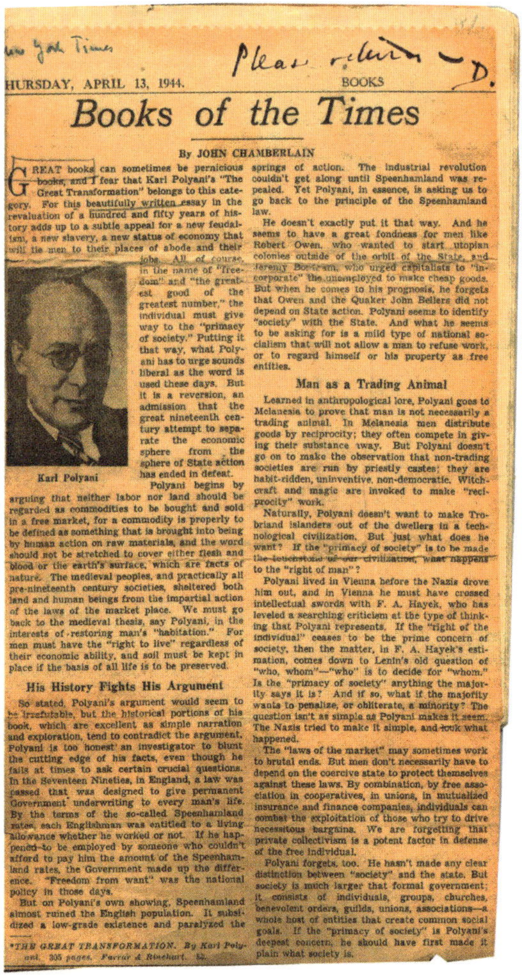

HURSDAY, APRIL 13, 1944.

BOOKS

Books of the Times

By JOHN CHAMBERLAIN

GREAT books can sometimes be pernicious books, and I fear that Karl Polyani's "The Great Transformation" belongs to this category. For this beautifully written essay in the revaluation of a hundred and fifty years of history adds up to a subtle appeal for a new feudalism, a new slavery, a new status of economy that will tie men to their places of abode and their jobs. All, of course, in the name of "freedom" and "the greatest good of the greatest number," the individual must give way to the "primacy of society." Putting it that way, what Polyani has to urge sounds liberal as the word is used these days. But it is a reversion, an admission that the great nineteenth century attempt to separate the economic sphere from the sphere of State action has ended in defeat.

Karl Polyani

Polyani begins by arguing that neither labor nor land should be regarded as commodities to be bought and sold in a free market, for a commodity is properly to be defined as something that is brought into being by human action on raw materials, and the word should not be stretched to cover either flesh and blood or the earth's surface, which are facts of nature. The medieval peoples, and practically all pre-nineteenth century societies, sheltered both land and human beings from the impartial action of the laws of the market place. We must go back to the medieval thesis, say Polyani, in the interests of restoring man's "habitation." For men must have the "right to live" regardless of their economic ability, and soil must be kept in place if the basis of all life is to be preserved.

His History Fights His Argument

So stated, Polyani's argument would seem to be irrefutable, but the historical portions of his book, which are excellent as simple narration and exploration, tend to contradict the argument. Polyani is too honest an investigator to blunt the cutting edge of his facts, even though he fails at times to ask certain crucial questions. In the Seventeen Nineties, in England, a law was passed that was designed to give permanent Government underwriting to every man's life. By the terms of the so-called Speenhamland rates, each Englishman was entitled to a living allowance whether he worked or not. If he happened to be employed by someone who couldn't afford to pay him the amount of the Speenhamland rates, the Government made up the difference. "Freedom from want" was the national policy in those days.

But on Polyani's own showing, Speenhamland almost ruined the English population. It subsidized a low-grade existence and paralyzed the springs of action. The industrial revolution couldn't get along until Speenhamland was repealed. Yet Polyani, in essence, is asking us to go back to the principle of the Speenhamland law.

He doesn't exactly put it that way. And he seems to have a great fondness for men like Robert Owen, who wanted to start utopian colonies outside of the orbit of the State, and Jeremy Bentham, who urged capitalists to "incorporate" the unemployed to make cheap goods. But when he comes to his prognosis, he forgets that Owen and the Quaker John Bellers did not depend on State action. Polyani seems to identify "society" with the State. And what he seems to be asking for is a mild type of national socialism that will not allow a man to refuse work, or to regard himself or his property as free entities.

Man as a Trading Animal

Learned in anthropological lore, Polyani goes to Melanesia to prove that man is not necessarily a trading animal. In Melanesia men distribute goods by reciprocity; they often compete in giving their substance away. But Polyani doesn't go on to make the observation that non-trading societies are run by priestly castes; they are habit-ridden, uninventive, non-democratic. Witchcraft and magic are invoked to make "reciprocity" work.

Naturally, Polyani doesn't want to make Trobriand islanders out of the dwellers in a technological civilization. But just what does he want? If the "primacy of society" is to be made the touchstone of our civilization, what happens to the "right of man"?

Polyani lived in Vienna before the Nazis drove him out, and in Vienna he must have crossed intellectual swords with F. A. Hayek, who has leveled a searching criticism at the type of thinking that Polyani represents. If the "right of the individual" ceases to be the prime concern of society, then the matter, in F. A. Hayek's estimation, comes down to Lenin's old question of "who, whom"—"who" is to decide for "whom." Is the "primacy of society" anything the majority says it is? And if so, what if the majority wants to penalize, or obliterate, a minority? The question isn't as simple as Polyani makes it seem. The Nazis tried to make it simple, and look what happened.

The "laws of the market" may sometimes work to brutal ends. But men don't necessarily have to depend on the coercive state to protect themselves against these laws. By combination, by free association in cooperatives, in unions, in mutualized insurance and finance companies, individuals can combat the exploitation of those who try to drive necessitous bargains. We are forgetting that private collectivism is a potent factor in defense of the free individual.

Polyani forgets, too. He hasn't made any clear distinction between "society" and the state. But society is much larger that formal government; it consists of individuals, groups, churches, benevolent orders, guilds, unions, associations—a whole host of entities that create common social goals. If the "primacy of society" is Polyani's deepest concern, he should have first made it plain what society is.

*THE GREAT TRANSFORMATION. By Karl Polyani. 305 pages. Farrar & Rinehart. $3.

"Great books can sometimes be pernicious books." Der konservativ-libertäre Kritiker John Chamberlain verband sein Lob in der New York Times mit einer Warnung – „große Bücher können manchmal gefährlich sein …"

Foto: Archiv

maßgeblich zu Polanyis Verständnis von „Beheimatung" („habitation") bei, einem Schlüsselbegriff in „The Great Transformation". In der deutschen Suhrkamp-Ausgabe wird „habitation" mit „Behausung" übersetzt. „Beheimatung" ist wohl die bessere Übersetzung, um die kulturelle Einbettung sowie die Entwurzelung durch kapitalistische Modernisierung zu benennen.

Polanyi bemerkte, dass es in Wien gelang, die Lebensgrundlagen so zu organisieren, dass ein würdiges Leben möglich und die Stadt zum Zuhause werden konnte. Im Anhang der „Great Transformation" würdigt er das „Wiener System", das „ein Niveau erreichte, das in keiner anderen Industriegesellschaft von der Masse der Bevölkerung je übertroffen wurde" (S. 379). 1933, nach Dollfuß' Ausschaltung des Parlaments, wurde es dem *Österreichischen Volkswirt* unmöglich, Polanyis offen sozialistischen Ansichten weiterhin den Rücken zu stärken, und man riet ihm, nach England auszuwandern. Bis zu Hitlers Okkupation Österreichs im Jahr 1938 blieb er, von England aus, regelmäßiger Korrespondent des *Österreichischen Volkswirts.*

Von großer Bedeutung für Polanyis klare Ausdrucksweise waren seine Erfahrungen als Erwachsenenbildner, zuerst in Wien und danach in England, wo er seinen Lebensunterhalt als Lehrer für die Workers' Educational Association (WEA), das Erwachsenenbildungsprogramm der Universität Oxford, bestritt. In England, welches Polanyi von weitem so bewundert hatte, entdeckte er eine tief in Klassen gespaltene Gesellschaft. Er hielt Abendkurse zu Themen internationaler Beziehungen und der Sozial- und Wirtschaftsgeschichte Englands ab. Bei Übernachtungen bei Familien in diesen Kleinstädten erlebte er die kulturelle Verarmung der Arbeiter im damals reichsten Land Europas und verglich sie mit der hohen Lebensqualität des „Roten Wien" im verarmten Österreich. Gleichzeitig erlebte er eine herrschende Klasse mit einer tiefen Abneigung selbst gegen kleine Reformschritte.

In den späten 1930er-Jahren begann Polanyi mit seinen ersten Skizzen zur „Great Transformation". Eine der Grundlagen waren die Vorlesungsnotizen für die WEA-Kurse. Von 1941 bis 1943 finanzierte die Rockefeller-Stiftung das Schreiben mit einem Stipendium. Schon 1940 hielt er im Bennington College in Vermont/USA fünf Bennington Lectures, in denen er die Kernthesen der „Great Transformation" darlegte. Dort entstand jene Annahme, die den Aufbau der „Great Transformation“ strukturierte: „Wenn wir den deutschen Faschismus verstehen wollen, müssen wir uns dem England Ricardos zuwenden“ (S. 55). Die politische Katastrophe habe wirtschaftliche Ursachen. Der Wirtschaftsliberalismus und sein Glaube an sich selbst regulierende Märkte seien hauptverantwortlich für den Niedergang der liberalen Zivilisation des 19. Jahrhunderts.

Polanyi machte also die Ideologie des Laissez-faire, der konsequenten Nichteinmischung in das Funktionieren der Marktwirtschaft, für das Aufkommen von Gegenbewegungen wie Faschismus und Sowjet-Kommunismus verantwortlich. Erst das dogmatische, jede empirische Evidenz leugnende Festhalten an der Illusion von Selbststeuerung habe die antiliberalen Kräfte gestärkt. Polanyi beschreibt die Besessenheit, mit der die Ökonomen des Völkerbunds ihre liberale Austeritätspolitik zur Sicherung des Goldstandards durchsetzten: „Wäre das Unterfangen nicht an sich unmöglich gewesen, wäre es sicher erreicht worden, so geschickt, nachhaltig und zielstrebig war dieser Versuch.“ Welcher Leser fühlt sich nicht an Griechenland 2015 erinnert, wenn er diese Zeilen liest? Mit autoritären Methoden und immer geringerer Unterstützung durch die Bevölkerung wurde bis tief in die Weltwirtschaftskrise am Goldstandard festgehalten. Um diese Kernthese hervorzuheben, schlug Polanyi als Titel seines Buchs „Die liberale Utopie: Ursprünge der Katastrophe“ vor. Da liberal in den USA aber mittlerweile fast synonym für links geworden war, hätte dies – so vermutete der Verleger zu Recht – zu Verwirrungen geführt. Polanyis Vorschlag wurde abgelehnt.

Polanyis Kritik des Laissez-faire stimmt, für manche verwunderlich, mit wichtigen liberalen Analysen der 1930er-Jahre überein. Auch Walter Lippmann und später Hayek kritisierten wirtschaftsliberale Ansätze, wenn der Staat keine passenden Rahmenbedingungen für funktionierende Marktwirtschaften schafft. Die liberale Utopie, die Polanyi kritisiert, ist jene von einer Marktgesellschaft, in der es keine Macht und keine handlungsfähigen staatlichen Institutionen gibt. Polanyi bezweifelte nicht, dass selbstregulierende Märkte effizient sind. Seine Kritik war moralisch und politisch. Die Entfaltung marktwirtschaftlicher Dynamiken, so Polanyi, könne derart destruktiv sein und ganze menschliche Gemeinschaften entwurzeln, dass diese

Ordnung in Demokratien nicht aufrechterhalten werden kann. Politische und kulturelle Gegenbewegungen seien unausweichlich.

Polanyis Kritik an ökonomischen Theorien beschränkte sich auf die Laissez-faire-Theorien von Malthus und Ricardo; die Marktkritik wurde somit auf eine Kritik des sich selbst regulierenden Marktes reduziert. Dieses für Polanyi zu simple, weder empirisch noch theoretisch haltbare Verständnis greift zu kurz. Er überschätzt im Unterschied zu John Maynard Keynes die Rationalität von Märkten und unterschätzt, wie Gareth Dale, sein brillanter Biograf, aufzeigt, die Möglichkeit, Marktwirtschaften durch staatliche Steuerung zu stabilisieren. Märkte können weit mehr gestaltet werden, als es Polanyis Marktverständnis zuließe. Der keynesianischen Politik der Nachkriegszeit gelang dies im Rahmen einer gemischten Wirtschaftsordnung bis in die 1970er-Jahre. Aber auch die ordoliberale Politik der vergangenen Jahrzehnte ermöglichte, wenn auch mit steigenden Kosten, die Stabilisierung der politischen und ökonomischen Ordnung.

So schienen mit Fortgang des 20. Jahrhunderts Keynes und dann vermehrt Hayek recht behalten zu haben: Ersterer, da er die Regulierbarkeit von Marktwirtschaften für möglich hielt, Letzterer, weil ein starker Staat durchaus imstande ist, eine liberalkapitalistische Ordnung zumindest zeitweise zu stabilisieren. Doch von welcher Art von Stabilität sprechen wir heute, angesichts von Donald Trump und Viktor Orbán? Sicher nicht von der friedlichen Koexistenz pluralistischer Demokratien und freier Weltmärkte.

Dass Polanyi heute erneut auf so großes Interesse stößt, liegt wohl daran, dass zwei seiner Themen wieder hochaktuell sind: seine Faschismusanalyse und seine Zivilisationskritik. Die hilflosen Reaktionen auf den erstarkenden Rechtspopulismus und die illiberalen Demokratien erinnern an Polanyis Analysen des Aufstiegs des Faschismus. Und Klimakrise und Digitalisierung werfen Fragen über den Umgang mit zivilisatorischen Umbrüchen auf. So identifizieren Naomi Oreskes und Erik M. Conway in ihrer Dystopie „Vom Ende der Welt. Chronik eines angekündigten Untergangs" zwei Ursachen für den Untergang der westlichen Zivilisation: Marktfundamentalismus und Positivismus, das heißt die Illusion einer „wertfreien" und „unpolitischen" Wissenschaft. Polanyi hätte es vermutlich ebenso formuliert.

WELCHE FREIHEIT FÜR WEN? – FRIEDRICH HAYEK UND KARL POLANYI

Bei aller Flexibilität im Denken von Polanyi und bei allem Dogmatismus im Denken seines „Gegenpols" Hayek gibt es mehr – nicht nur biografische – Gemeinsamkeiten, als man aufs Erste denken würde

ANDREAS NOVY

Ob Friedrich Hayek und Karl Polanyi einander je physisch begegnet sind, ist unbekannt. Zu Recht aber stehen beide für zwei große Erzählungen, deren Einfluss und Attraktivität bis heute anhält. Beide sind Vordenker ihrer jeweiligen Denktraditionen. Hayek, indem er die liberale Idee des Minimalstaats überwindet; Polanyi, indem er zentrale Planung als ebenso illusionär betrachtet wie freie Märkte. In Hayeks erneuerter liberaler Utopie sichert ein starker Staat die Marktfreiheit. In Polanyis Vision einer demokratischen Gesellschaft ermöglichen Regeln und Planung Freiheit für alle.

Weder ihr Werk noch ihr Einfluss kann verstanden werden ohne ihre Biografie und ihre Gemeinsamkeiten. Beide wurden in Wien geboren, Polanyi 1886, Hayek 1899. Beide wurden politisch geprägt durch den Niedergang der liberalen kosmopolitischen Welt des Fin de Siècle sowie durch das „Rote Wien" der 1920er-Jahre. Und beide verließen Wien in der Zwischenkriegszeit, um von England ausgehend weltberühmt zu werden – ein Schicksal, das sie mit vielen zentraleuropäischen Intellektuellen teilen. Hayek folgte einem Ruf an die London School of Economics, Polanyi verließ das Land angesichts der austrofaschistischen Machtergreifung. Beide waren in ihrer Heimat lange Zeit weitgehend unbekannt und beide waren mehr als bloß

Wirtschaftswissenschaftler. Man könnte beide als Sozioökonomen bezeichnen, wenn nicht Hayek eine tiefe Abneigung gegen das für ihn sinnentleerte Wort „sozial“ gehegt hätte.

Beide aber waren ohne Zweifel Gesellschaftstheoretiker und teilten die Überzeugung, dass eine gute Gesellschaft die individuelle Freiheit ihrer Mitglieder gewährleisten muss. Beide, Karl Polanyi und Friedrich Hayek, sind in privilegierten Familien aufgewachsen.

Polanyis großbürgerliches Leben endete mit den finanziellen Problemen und dem Tod seines Vaters. In Wien lebte er selbst in bescheidenen Verhältnissen und empfand zeit seines Lebens eine tiefe Sympathie für einfache Leute. Die Armut englischer Arbeiter in den 1930er-Jahren empörte ihn, das Selbstbewusstsein der Wiener Arbeiterinnen galt ihm als Zeichen zivilisatorischen Fortschritts. Es ist dies vermutlich der entscheidende Unterschied zu Friedrich Hayek und dessen zutiefst elitärer Weltsicht, die so manche Widersprüche in Hayeks Denken verständlich macht. So verwundert es beim ersten Lesen, dass in der berühmten Schrift „Die Verfassung der Freiheit“ aus dem Jahr 1960 festgehalten wird, dass hundert Jahre davor ein jahrtausendelanger Prozess freiheitlichen Fortschritts ans Ende gekommen sei. Wie kann ein intelligenter Mensch behaupten, so fragte ich mich, dass 1860, als halb Amerika noch eine Sklavenhaltergesellschaft war, die Freiheit herrschte und danach, als Schritt für Schritt bürgerliche, politische und soziale Freiheiten auf alle Menschen ausgedehnt wurden, diese Freiheit bedroht worden sein soll? Otto von Bismarck, Neville Chamberlain, Karl Lueger und andere Anti-Sozialisten – all sie stehen für Hayek für den Siegeszug sozialistischen Denkens?

Das erscheint unlogisch und erklärt sich nur, wenn wir verstehen, dass für Hayek Zivilisation und Ungleichheit Hand in Hand gehen. Es gab Aristoteles und belesene Plantagenbesitzer, weil sie von Sklaven bedient wurden; es gibt Pyramiden und Eisenbahnen, weil Bauern und Arbeiter für ihre Errichtung geschunden wurden. Wenn an die Stelle einer auf Ungleichheit basierenden Zivilisation Gleichmacherei tritt, dann zerstöre dies Kultur und Gemeinwesen – Bismarcks Reformen waren ein erster Schritt, die bolschewistische Diktatur der unvermeidbare zweite. So war es für Wiens Bürgertum in der Zwischenkriegszeit Ausdruck von Kulturverfall, wenn Hausangestellte gleiche Rechte haben wie ihre Arbeitgeber. Man stelle sich vor, wie bedrohlich es gewirkt haben muss, dass ein zutiefst bürgerlicher, ja großbürgerlicher Bezirk wie Währing durch die Einführung des allgemeinen Wahlrechts plötzlich einen sozialdemokratischen Bezirksvorsteher hatte. Es ist wohl dieses Vorurteil von der Überlegenheit der traditionellen Eliten (ergänzt im modernen Kapitalismus um einige Aufsteiger), die Hayek im Vorwort zum „Weg zur Knechtschaft" veranlassten, Anzeichen des Totalitarismus schon im „Roten Wien" zu sehen, als dieses versuchte, durch Sozial- und Schulreformen allen die gleichen Chancen auf Freiheit zu eröffnen.

Während Hayek nach vielen Demütigungen und Enttäuschungen schlussendlich auf der Seite der Sieger landete, genoss Polanyi nur am Ende des Zweiten Weltkriegs kurzzeitig die Illusion, auf der Seite der Geschichte und der Sieger zu stehen. Der Wirtschaftsliberalismus war durch die Weltwirtschaftskrise diskreditiert, ein demokratischer Neubeginn, der die destruktive Macht von Märkten eingrenzt, naheliegend. Doch mit dem Kalten Krieg, der McCarthy-Ära und der damit verbundenen Hexenjagd auf linke Intellektuelle in den USA wurde rasch klar, dass in den westlichen Demokratien keine grundlegende Abkehr von einer autoritären Verwaltung und einer durch Konsum und Marktkräfte dominierten Gesellschaftsordnung stattfinden wird.

Während Wirtschaftsliberale wie Ludwig von Mises, Hayeks Mentor in der Zwischenkriegszeit in Wien, schon früh (Kalte) Krieger waren, die den Kommunismus bekämpften, interessierte Hayek die Kritik der Zentralverwaltungswirtschaft nicht, da er ihr Scheitern als gewiss voraussah. Vielmehr identifizierte Hayek einen anderen Gegner, nämlich die damalige gesellschaftliche Mitte, den fortschrittsoptimistischen Mainstream. Noch 1947 liebäugelte die deutsche Christdemokratie im „Ahlener Programm" mit antikapitalistischer Programmatik, und Italiens Christdemokraten machten in Italiens Verfassung die Arbeit und nicht den Markt zur Grundlage der freiheitlichen Nachkriegsordnung. Alle westlichen Wirtschaftsordnungen der Nachkriegszeit basierten auf der Idee einer gemischten Wirtschaft, in der verstaatlichte Industrien und Banken und ein gemeinwirtschaftlicher Sektor einhergingen mit Marktwirtschaft und Welthandel. In diesem Umfeld sahen sich selbst Neoliberale wie Ludwig Erhard genötigt, ihr wirtschaftspolitisches Leitbild als soziale

Marktwirtschaft zu bezeichnen: eine Gesellschaft, in der möglichst viel über Märkte reguliert wird, gleichzeitig aber anerkannt wird, dass sozialpolitische und monopolverhindernde staatliche Eingriffe notwendig sind.

Hier setzt Hayek, in frontaler Opposition zum Zeitgeist, an und kritisiert Christ- und Sozialdemokraten sowie Sozialliberale dafür, in ihrer Naivität zu übersehen, dass marktbeschränkendes Handeln und der Ausbau staatlicher Sozial- und Wirtschaftspolitik unweigerlich in Totalitarismus enden müssen. Anfangs belächelt, dann zusehends akzeptiert, setzten von Mises und Hayek eine duale Weltsicht von „gut" und „böse" durch, wonach es nur einen Weg zur Freiheit oder einen zur Knechtschaft, d.h. den Totalitarismus, gebe. Da der Weg zur Freiheit nur in Marktwirtschaften verwirklichbar sei, führt jeder Eingriff in Markt und Wettbewerb langfristig zu Totalitarismus. Hayeks politische Leistung bestand darin, jegliches marktbeschränkende Handeln als tendenziell totalitär zu denunzieren. Heute ist dieses Denken vorherrschend: Große Teile von Politik, Medien und öffentlicher Debatte sind durch neoliberale Denkmuster geprägt. Die Vermarktlichung aller Lebensbereiche, wie zum Beispiel die Vermietung des eigenen Schlafzimmers, hätte im 20. Jahrhundert vermutlich als Rückschritt in die elenden Zeiten der Bettgeher gegolten. Heute steht Airbnb für die Avantgarde des digitalen Kapitalismus.

Es ist bemerkenswert, dass genau diese, für Polanyi eigentlich undenkbare Rückkehr des Wirtschaftsliberalismus Polanyis eigene Renaissance befördert hat. Mehr als nach 1944 ist er heute zur Quelle der Inspiration für Kritiker des Wirtschaftsliberalismus geworden. Dies liegt wesentlich an der Heftigkeit der Finanzkrise 2008, die selbst der ehemalige US-Notenbankpräsident Greenspan in einem erstaunlich ehrlichen Moment auf den illusionären Glauben an die Selbstregulierung von Märkten zurückführte.

Kaum ein anderer Theoretiker hat so viel wie Polanyi beizutragen zum Verständnis der aktuell erneut zu beobachtenden, aber eigentlich als undenkbar angesehenen Synthese aus freiheitlichem Wirtschaftsliberalismus („mehr Markt und Freiheit") und autoritären, reaktionären, teilweise sogar faschistischen Strömungen („Ordnung und Abschottung"). Ist es denkbar, dass Illiberalität und Neoliberalismus gleichermaßen dominant werden? Und welche Dynamiken ermöglichen Entwicklungen, wie wir sie mit unterschiedlichen Ideologien und unterschiedlichen Ausprägungen in der Türkei, Ungarn, Russland und den USA beobachten?

Hayek und Polanyi helfen hierbei weiter. Beginnen wir bei Hayek: Dieser und andere Liberale wie Walter Lippmann waren nicht nur keine Anhänger des Laissez-faire, sondern sie identifizierten – wie Polanyi – eine der Ursachen des Niedergangs des Liberalismus im Festhalten an dieser illusorischen Ideologie. Hayek forderte mehr Staat, aber eben ein ganz bestimmtes staatliches Handeln, nämlich eine souveräne staatliche Autorität, um die notwendigen Maßnahmen für funktionierenden Wettbewerb zu planen. Hayek war kein Verfechter einer simplen „Mehr privat, weniger Staat"-Ideologie. Nicht nur Polanyi, auch Hayek hatte grundsätzlich kein Problem mit einem handlungsfähigen Staat, schon gar nicht, wenn Neoliberale an seinen Schalthebeln sitzen. Wohl aber interessierte ihn, was dieser Staat tut und wofür staatliche Macht eingesetzt wird. Freiheit ist für Hayek die Abwesenheit von Zwang, und zwar staatlichem, dem sich Individuen nicht entziehen können. In freiheitlichen Gesellschaften regieren der Rechtsstaat und freiwillige Beziehungen zwischen Menschen. Willkürliche Macht von Regierungen und Bürokratien sollten auf ein Minimum beschränkt sein. Deshalb stellen für ihn demokratische Regierungen oftmals eine größere Gefahr für Freiheits- und Eigentumsrechte dar als Diktaturen. Das Mietrecht, das die Monarchie 1917 einführte und viele Menschen vor der Delogierung rettete, sah er als schleichende Enteignung. So ist auch seine Sympathie für autoritäre Regierungen, die Marktfreiheit herstellen, wie zum Beispiel Diktator Pinochet in Chile 1973, nicht verwunderlich.

Auch Polanyi ist in seinen Analysen vor allzu einfachen Erklärungen nicht gefeit. So sieht er eine unauflösliche Spannung zwischen Kapitalismus und Demokratie, wonach entweder Kapitalismus oder Demokratie zu opfern seien. Der Möglichkeit eines institutionalisierten Klassenkompromisses widmete er wenig Aufmerksamkeit. Doch gleichzeitig hat er in seiner Zeit als Redakteur des *Österreichischen Volkswirts* gelernt, verschiedene Perspektiven einzunehmen, um unterschiedliche Interessen zu verstehen. Diese Herangehensweise führte ihn zu pragmatischen Analysen, in denen nicht das Wahre und Gute, sondern das jeweils historisch Mögliche angestrebt wurde. Anschaulich zeigte er dies anhand des britischen Generalstreiks 1926, bei dem keine Seite einen Ausweg anzubieten hatte – was wesentlich zum Sieg der Unternehmer, aber auch zum wirtschaftlichen Niedergang Englands beitrug. Zielführend ist daher vor allem eine Lesart Polanyis, die den antidogmatischen Charakter seines Denkens betont. So stört Polanyi am marktfundamentalen Denken in erster Linie der Fundamentalismus. Das Dogmatische der Liberalen störte ihn ebenso wie der marxistische Dogmatismus und die Idee einer Zentralverwaltungswirtschaft. Hier scheute er sich nicht, von Mises in diesem Punkt recht zu geben.

Das Recht auf eine eigene Meinung, auf Nonkonformismus sind für Polanyi hohe Werte. Die Alternative zum Dogmatismus der Neoliberalen darf kein anderer Dogmatismus sein, sondern besteht darin, öffentliche Debatten anzustoßen. Hayek war ein scharfer Denker, der wichtige Beiträge zum Verständnis von Marktwirtschaften geleistet hat. Es wäre fatal, würden Kritiker des Neoliberalismus Hayek nicht studieren und aus seinen Einsichten nichts lernen. Es zeigt sich aber gleichzeitig, dass die von Hayek begründete Denkweise dazu geführt hat, alle Lebensbereiche als Markt zu denken, alle Beziehungen unter Nutzengesichtspunkten zu bewerten.

Mit der Vermarktlichung aller Lebensbereiche wird die Etablierung einer totalitären Marktordnung eine reale Gefahr. Hier hilft Polanyi, eine Grenze zu ziehen, die angesichts von Fake News und Klimawandelleugnung höchst notwendig ist: Wenn nämlich selbst Wahrheit zur Ware wird, die käuflich ist, dann bedroht dies Wissenschaft. Wenn das Lügen als Methode so lange angewandt wird, als es sich rechnet, als es Stimmen oder Umsatz bringt, gefährdet dies Demokratie. Die Kritik des Totalitarismus, Kernthema von Hayek und Polanyi, ist heute erneut hoch aktuell.

KARL POLANYI, LUDWIG VON MISES UND DIE FRAGE DER PLANUNG

Der marktgläubige Ökonom und der marktkritische Wirtschaftshistoriker führten eine Auseinandersetzung über die Möglichkeit einer sozialistischen Rechnungslegung

PETER ROSNER

Nach dem Ende des Ersten Weltkriegs und dem politischen Zusammenbruch einiger europäischer Staaten schien eine sozialistische Umgestaltung möglich. In Russland gelang es den Kommunisten, ihre Macht zu konsolidieren. In Deutschland hatten die beiden sozialistischen Parteien zunächst über vierzig Prozent der Stimmen, in Österreich war die Sozialdemokratie in der Nationalversammlung 1919 die größte Partei und anschließend ab 1920 die zweitgrößte Partei im Parlament. Die Vorstellung von einem Übergang zu einer sozialistischen Gesellschaft war in den drei sozialdemokratischen Parteien eine Selbstverständlichkeit.

Aber was ist eine sozialistische Gesellschaft? Sie wird produktiv sein, und sie wird gerecht sein. Die kapitalistische Gesellschaft hat keines dieser beiden Charakteristika. Sie ist unproduktiv, weil es zu viele kleine Unternehmen mit alten Technologien gibt, und sie ist ungerecht, weil sie arbeitslose Einkommen ermöglicht. Das war wohl das zentrale Credo sozialistischer Vorstellungen in Deutschland und Österreich. Dabei konnte man sich auf Karl Marx stützen.

Nicht auf Marx konnte man sich stützen, wenn es um die Organisationsform der anzustrebenden Gesellschaft ging. Darüber hatte er nicht geschrieben. Klar war, dass es eine geplante Gesellschaft sein würde. Der Aufbau einer sozialistischen Gesellschaft ist ein bewusster Akt. Er passiert nicht einfach hinter dem Rücken der historischen Akteure, wie die Ablösung des Feudalismus durch den Kapitalismus.

Es gab eine weite Diskussion zu diesem Thema. Karl Polanyi, Sozialist, aber kein Marxist, hat in einem 1922 erschienenen Artikel in dem eher akademischen Journal *Archiv für Sozialwissenschaft und Sozialpolitik* eine Vorfrage für jegliche sozialistische Planung untersucht: sozialistische Rechnungslegung. Die Frage war, wie denn eine Gesellschaft im Übergang zum Sozialismus Erfolge und Kosten der Wirtschaft darstellen kann. Das muss sie zur internen Planung und Kontrolle tun.

Auch wenn Polanyi ihn nie erwähnt hat, so kann man doch diesen Beitrag als eine Antwort auf eine zwei Jahre davor im gleichen Journal erschienene Arbeit von Ludwig Mises, „Die Wirtschaftsrechnung im sozialistischen Gemeinwesen", betrachten. Mises argumentierte, dass zentral geplante Wirtschaften jegliche freie Wahl unterdrücken müssten. Sie seien auch ineffizient, weil sie jede Initiative einzelner Personen unterdrücken würden. 1922 erweiterte er seine Argumente zu einem Buch von 500 Seiten. Darin zelebrierte er seine Abneigung gegen gesellschaftliche Planung, gegen alle Ansätze eines Sozialstaats und gegen die katholische Kirche.

Polanyi bestätigte in seinem Artikel Mises: Eine zentral geplante Wirtschaft kann nicht funktionieren. Das begründete er nicht. Vielleicht war das für ihn selbstverständlich. Aber das war damals keine unmittelbare Aufgabe einer sozialistischen Partei, sieht man von der eben gegründeten Sowjetunion ab. Diese hatte ihre Macht konsolidiert, war aber eingestandenermaßen nicht in der Lage, eine zentrale Planung zu organisieren. Sie hatte deshalb eine Freigabe der Produktion für Märkte beschlossen – die Neue Ökonomische Politik.

Während Mises aus der Unmöglichkeit detaillierter Planung auf die Unmöglichkeit sozialer Reformen schloss, stellt Polanyi die Frage, wie Vorstellungen sozialer Reformen in die Wirtschaftsstruktur einer Gesellschaft eingebaut werden können. Ob das möglich ist oder nicht, wird von ihm nicht untersucht. Wozu auch? Sozialistische Politik wäre unsinnig, wenn Reformen nicht möglich wären – so seine Schlussfolgerung.

Sozialistische Zielsetzungen benötigen jedenfalls eine Rechnungslegung zur Planung der Politik und zu ihrer Evaluierung. Das klingt

heute trivial. Aber es gab damals keine wie immer geartete Rechnung über die wirtschaftliche Leistung von Regionen, Staaten, Wirtschaftssektoren. Es war nicht so sehr ein Mangel an Daten; vielmehr gab es keinen theoretischen Rahmen für deren Erhebung. Weder gab es volkswirtschaftliche Gesamtrechnungen noch das System der Input-Output-Rechnung.

Polanyi untersuchte die Möglichkeiten der Rechnungslegung in einer Gesellschaft, in der nicht der maximale Profit das einzige Ziel ist, wie das die kapitalistische Wirtschaft kennzeichnet. Es gibt gesellschaftliche Zielsetzungen. Das sind solche der Produktion der Güter und Leistungen, deren Verteilung und auch eines sparsamen Umgangs mit Ressourcen. Es geht nicht um allgemeine Gerechtigkeitsprinzipien. Polanyi fragt nicht, wann jemandem etwas mehr zusteht und wer sich mit weniger begnügen muss, vielmehr geht es um die Versorgung aller mit elementaren Gütern. Angesichts der damals in Österreich herrschenden Not eine durchaus sinnvolle Herangehensweise.

Die sozialistische Gesellschaft muss auch die Produktion bestimmter Güter anregen. Es gibt Güter, die im Kapitalismus nicht erzeugt werden, weil die Konsumenten nur als einzelne Individuen von den Unternehmungen angesprochen werden. Bei den von Polanyi angeführten Beispielen handelt es sich um öffentliche Güter, etwa um Bibliotheken, um eine Ausweitung des Konsums von Kulturgütern für breitere Schichten der Bevölkerung. Das war für die österreichische Sozialdemokratie wichtig – Theater, Museen, Musik usw. Rascher Modewechsel, verführerische Werbung und Ähnliches werden abgelehnt. Das wirkt heute vielleicht eigenartig, ein bisschen altbacken. Aber auch hier gilt: Die reale Not der ärmeren Bevölkerung machte Eingriffe in die Struktur der realen Produktion wünschenswert. Es sollen nicht Luxusgüter für wenige erzeugt werden, wenn es zu wenige Güter für die Massen gibt.

Polanyi unterscheidet zwei Aspekte der Rechnungslegung. Der eine betrifft die Kosten der Produktion, der andere die Bewertung der sozialen Ziele. Er sucht nicht eine Theorie der „wahren" Kosten. Das sei eine Frage der ökonomischen Theorie, zu der er nichts zu sagen habe. Ohne es explizit anzuführen, ist das eine Ablehnung der bei Sozialisten im deutschen Sprachraum dominierenden Arbeitswertlehre von Marx. Aber es ist auch eine Ablehnung der von Mises vertretenen Variante der österreichischen Nutzentheorie: Nutzen ist subjektiv. Daher könne nicht über gesellschaftlichen Nutzen gesprochen werden, da dabei eine intersubjektive Messung vorausgesetzt wird.

Es wird von Polanyi festgehalten, dass die politische Fixierung mancher Preise die Rechnungslegung nicht beeinträchtigt, da sie im Rahmen der Produktionsketten nach vorn weiterwirken. Die Höhe des Preises eines Vorprodukts beeinflusst die Kosten der weiteren Produktionsstufen und damit den Preis des Endprodukts. Die Kosten können so von einer Stufe zur nächsten addiert werden. In dem heutigen Begriff von „Wertschöpfung" eines Bereichs der Wirtschaft wird das als Selbstverständlichkeit deutlich. Er ist unabhängig von der zugrundeliegenden Werttheorie. Für Mises hingegen ist auch nur der geringste Versuch einer Preisfestlegung der kleine Finger, der dem Teufel gegeben wird – der dann die ganze Hand ergreift. Polanyi weist darauf hin, dass es immer Eingriffe in Preise gab, nämlich Zölle und Steuern.

Die Rechnungslegung bezweckt, dass die planende Gesellschaft weiß, was sie produzieren kann und was die Kosten dieser Produktion sind; aber auch, was die Kosten der sozialen Rechte sind. Ein von

Polanyi gebrachtes Beispiel: Wöchnerinnen sollen frei Leibwäsche erhalten. Deren Produktionskosten müssen die Stückkosten der verkauften Leibwäsche erhöhen. Die Rechnungslegung soll eine Anleitung für konkretes Handeln sein. Das von Polanyi gewählte Beispiel dürfte nahe den damaligen Diskussionen in Wien gewesen sein. Diese Maßnahme wurde zwar nie getroffen, aber 1927 wurde in Wien ein Säuglingswäschepaket beschlossen („Kein Wiener Kind darf auf Zeitungspapier geboren werden"). Es geht um realisierbare Besserstellungen der Ärmeren, nicht um eine fundamental andere Gesellschaft.

Es bleibt die Frage nach der Organisierung der vorzunehmenden Bewertungen und der damit verbundenen wirtschaftlichen Entscheidungen. Bei Mises ist es klar. In einer sozialistischen Gesellschaft kann es nur ein Zentrum geben, das alle Entscheidungen trifft. Jede dezentrale Struktur kollektiver Entscheidungen würde Konflikte zwischen den Akteuren provozieren. In einer reinen Marktwirtschaft benötigt man sie nicht.

Wer sich jedoch damit nicht zufriedengibt, ist verpflichtet, Ideen für dieses Problem zu liefern. Polanyi tut das in dieser Arbeit. Er unterscheidet zwischen zwei Gruppen von Akteuren. Die einen sind die regionalen politisch-administrativen Einheiten. Sie legen die gesellschaftlichen Zielsetzungen fest. Er spricht von Kommunen. Die anderen sind die Verbände der Produzenten. Diese Verbände sollen als autonome Akteure der Wirtschaft miteinander Verträge über zu liefernde Güter und deren Preise abschließen. Bei dieser Vorstellung spielte die damals verbreitete Idee der Arbeiterräte als Leiter der Produktionsplanung eine Rolle. Sie sollen das Problem der Produktivität lösen. Polanyi betont, dass derartige Verbände Güter mit höherer Produktivität fertigen können als die kleinen Unternehmen unter Konkurrenz. Da sie nicht Profit anstreben, fällt der Profit der kapitalistischen Monopole und Syndikate weg. Er greift hier zu syndikalistischen Vorstellungen, wie sie G.D.H. Cole in England vertrat, mit dem Polanyi viel Kontakt hatte. Auch Otto Bauer war davon beeindruckt, weil der Syndikalismus ein Weg schien, die Arbeiter wirtschafts- und sozialpolitisch zu organisieren und doch nicht dem Staat zu unterwerfen.

Eine solche Organisationsstruktur bringt Konflikte. Jeder Verband will das für seine Seite Beste. Da hilft auch beste sozialistische Gesinnung nicht viel. Polanyi hat das gewusst. Er sieht eine Hierarchie von

Entscheidungsträgern vor, vergleichbar einem gerichtlichen Instanzenzug. Bei Konflikten müssen höhere Gremien regulierend eingreifen. Dieser Punkt wurde noch in zwei weiteren kleinen Aufsätzen in dem Journal diskutiert.

Was ist davon fast hundert Jahre später zu halten? Recht zu geben ist Mises und Polanyi bei deren Ablehnung einer zentral geplanten Wirtschaft. Zu schrecklich waren die Versuche der letzten hundert Jahre. Polanyis Vorschlag für Verträge zwischen Wirtschaftssektoren sind fragwürdig. In einer kleinen, geschlossenen Wirtschaft mag das funktionieren. Die Preisregulierung in Österreich durch die Paritätische Kommission in den Sechziger- und Siebzigerjahren des vorigen Jahrhunderts, bei der unter der Aufsicht der zentralen Interessenverbände die jeweiligen Branchen über Preise und Löhne verhandelten, kann vielleicht als Beispiel für ein Funktionieren eines solchen Systems angeführt werden – ganz ohne eine sozialistische Zielsetzung. (Wissen Leser und Leserinnen unter sechzig, dass es so etwas gab?) In einer offenen Wirtschaft geht das nicht.

Aber die Fragestellung von Polanyi hält. Wenn man sich nicht mit den Resultaten einer reinen Marktwirtschaft zufriedengibt, wofür gute Gründe vorliegen, müssen Entscheidungen auf kollektiver Ebene getroffen werden. Wir kommen nicht um die Entscheidung herum, wie viele CO_2-Partikel in nächster Zeit in der Atmosphäre deponiert werden. Mises weiß um dieses Problem. Er schreibt, dass eine Region beschließen kann, ein Kraftwerk nicht zu bauen, weil ein schöner Wasserfall damit zerstört würde. Er betrachtet es als ein lokales Problem, das nicht große Unruhe in das schöne Funktionieren der Marktwirtschaft bringen wird. Gnädig erlaubte er es.

Wir haben gesellschaftliche Ziele bei Gesundheit, Bildung, Pflege, Reduktion von Armut und anderen Aspekten der Wohlfahrt. Sie erfordern kollektive Entscheidungen. Für diese bedarf es eines Rechnungswesens. Das ist heute eine Selbstverständlichkeit in der Ökonomie, sieht man von den Predigern der reinen Marktwirtschaft ab. Leider gibt es nur wenige brauchbare Vorstellungen, wie kollektive Entscheidungsfindung konzipiert werden kann. Sicher ist, dass weder eine reine Marktwirtschaft noch eine zentrale Planwirtschaft gut sind. Erstere lässt die Fragen nach gesellschaftlicher Wohlfahrt nicht zu, Letztere akzeptiert nur einen Entscheidungsträger.

KARL POLANYI UND JOHN MAYNARD KEYNES: ZWEI GEGEN DEN MAINSTREAM

Grundsätzlich sind beide marktskeptisch, aber ihre Kritik ist abgestuft. Der Ökonom Keynes setzt auf den Staat, der Wirtschaftshistoriker Polanyi konzentriert sich auf Machtverhältnisse in der Gesellschaft

ELISABETH SPRINGLER

Der Ausbruch der letzten großen Finanz- und Wirtschaftskrise ist mittlerweile zehn Jahre her. Die Ökonomien Europas verzeichneten nun in den letzten Quartalen, wenn auch auf unterschiedlichem Niveau, ein positives wirtschaftliches Wachstum. Die Asymmetrien in Europa sind jedoch weiter allgegenwärtig und zeigen sich insbesondere in der Höhe der Arbeitslosenquoten und im Bruttoinlandsprodukt je Einwohner. So sinkt das Zentrum Europas mit Ländern wie Österreich und Deutschland auf Arbeitslosenquoten (gemessen nach der EU-Methode) von 4,7 bzw. 3,4 Prozent im Mai 2018, während Griechenland bei knapp unter zwanzig Prozent liegt und Spanien bei circa 15 Prozent (Quelle: OeNB).

Die Analysen von John Maynard Keynes in seiner „Allgemeinen Theorie der Beschäftigung, des Zinses und des Geldes" (1936) wurde unmittelbar nach dem Ausbruch der Krise oft zitiert und bei der Suche nach wirtschaftspolitischen Alternativen und einem alternativen Blick auf die Ökonomie abseits deregulierter Märkte herangezogen. Keynes wendet sich gegen die Annahme, die Geldpolitik könne als Allheilmittel gegen einen wirtschaftlichen Einbruch dienen, und zeigt die Notwendigkeit des staatlichen Eingriffs für die Überwindung von Krisen auf. Karl Polanyi, der im Vergleich zu Keynes nur sehr eingeschränkt als Theoretiker zur Überwindung der globalen Finanz- und Wirtschaftskrise herangezogen wurde, hat in seinem Werk „Die Große Transformation" (1944) ebenso vor der Illusion gewarnt, freie Märkte und die fortschreitende Deregulierung internationaler Finanzmärkte bei einer kontinuierlichen Zurückdrängung des Staates könnten zu einer stabil fortschreitenden kapitalistischen Entwicklung beitragen. Mehr noch als Keynes sieht er diese Kombination als Unmöglichkeit an.

Während sich sowohl der Ökonom Keynes als auch der Wirtschaftshistoriker Polanyi als Alternativen zum herrschenden ökonomischen Mainstream erweisen, ist die Graduierung ihre Kritik unterschiedlich. Keynes sieht als wesentlichen Betrachtungspunkt für die Stabilisierung einer Ökonomie die Konzentration auf die Elemente der gesamtwirtschaftlichen Nachfrage. Wenn der Staat einspringt, kann er die wirtschaftliche Entwicklung einer Volkswirtschaft stabilisieren. Die wird notwendig im Fall einer aufgrund falscher oder schlechter Erwartungen an die Zukunft reduzierten privatwirtschaftlichen Investitionstätigkeit, im Fall von durch steigende Arbeitslosigkeit bedingtem geringem Konsum und damit verbundenen sinkenden Einkommen und im Fall einer geringen Exporttätigkeit wie bei einer internationalen Krise. Die wesentlichen Voraussetzungen für diese vorgeschlagenen fiskalischen Maßnahmen bietet der institutionelle Rahmen einer Marktwirtschaft. Aus keynesianischem Blickwinkel betrachtet, ist der Marktmechanismus mit Regulativen und einem starken Staat zähmbar und Deregulierungsmechanismen können institutionell abgefedert werden.

Für Polanyi ist die Entwicklung hin zu einer freien Marktwirtschaft nicht nur für die wirtschaftliche Entwicklung problematisch, sondern er sieht darin eine Utopie, die das Gefüge zwischen Gesellschaft und Ökonomie untergräbt und das Aufeinanderprallen der heterogenen Interessen der Marktteilnehmer nach sich zieht. Das Überwinden der Utopie des selbstregulierenden Marktes bedeutet schließlich die große Transformation der Gesellschaft. Die Argumentation Polanyis ist somit auf das Verhalten von unterschiedlichen Akteursgruppen im gesellschaftlichen Prozess und deren Machtverhältnisse gerichtet, während Machtverhältnisse bei Keynes keine aktive Rolle spielen. Die Lösung kann daher aus dem Blickwinkel

Polanyis nicht in der Einführung von Regulativen zur Zähmung des Marktes liegen, sondern die Gesellschaft mit demokratischen Wertvorstellungen unterwirft durch ihr Regulativ die Marktkräfte. Ausgangspunkt ist für Polanyi die merkantilistische Gesellschaft, denn der Industriekapitalismus ist bereits die Ausformung des Projekts der Liberalisierung und Deregulierung (= Selbstregulierung) der Märkte. Im Merkantilismus hingegen war „das wirtschaftliche System (...) in den allgemeinen gesellschaftlichen Verhältnissen eingebettet; die Märkte waren bloß ein zusätzlicher Faktor eines institutionellen Rahmens, der mehr denn je von der gesellschaftlichen Macht kontrolliert und reguliert wurde" (Polanyi 1977, S. 101).

Im Zentrum der Funktionsweise selbstregulierender Märkte liegt bei Polanyi die Annahme von Arbeit, Boden und Geld als fiktive Waren. Polanyi sieht hier den Trugschluss, denn „Arbeit, Boden und Geld (sind) ganz offensichtlich keine Waren" (Polanyi 1977, S. 107). Auch Keynes rückt bei seinen Betrachtungen den Arbeitsmarkt und die Frage nach der Bedeutung des Geldes in den Mittelpunkt, wobei sich einige Parallelen ziehen lassen.

„Arbeit ist bloß eine andere Bezeichnung für eine menschliche Tätigkeit, die zum Leben an sich gehört, das seinerseits nicht zum Zwecke des Verkaufs, sondern zu gänzlich anderen Zwecken hervorgebracht wird“, definiert Polanyi (1977, S.107) den Trugschluss um die Bedeutung der Arbeit in selbstregulierenden Märkten. Er zeigt, dass der Arbeitsmarkt der letzte der Märkte war, der durch den Industriekapitalismus liberalisiert wurde. Doch die Besonderheit des Marktes und seine unmittelbare Betroffenheit für die Gesellschaft hat dazu geführt, dass weitere Regelungen zum Schutz der Gesellschaft vor der Liberalisierung eingeführt werden mussten. Die deshalb gegründeten Gewerkschaften und Arbeitsschutzgesetze torpedieren die Selbstregulierung des Marktes und führen dazu, dass die Gesellschaft und die Marktmechanismen in einem dauerhaften Konflikt stehen. Der steigende Wunsch nach Liberalisierung trifft auf eine steigende Komplexität in der Abfederung der gesellschaftspolitischen Maßnahmen zur Abfederung der negativen Effekte.

Während Polanyi somit ein dauerhaftes Spannungsverhältnis der konkurrierenden Kräfte selbstregulierender Markt und des staatlichen Regulativs zur Absicherung der Gesellschaft in den Mittelpunkt rückt, geht zwar auch Keynes bei der Betrachtung des Arbeitsmarktes von einem besonderen Markt aus, doch er fokussiert auf die Diskrepanz zwischen mikro- und makroökonomischer Betrachtungsweise und plädiert auch hier für eine institutionelle Abfederung. Beispielsweise führen bei Keynes sinkende Löhne, die positiv für ein Unternehmen wären, da sich dessen Kostenstruktur verbessert, zu einem Absinken des Lohneinkommens und bewirken damit einen Konsumausfall aus makroökonomischer Sicht. Mit dem Blick auf wirtschaftliche Entwicklung, gilt es daher auch bei Keynes, wenn auch in einem anderen theoretischen Zusammenhang, Arbeitsschutzgesetze und andere institutionelle Abfederung wie Gewerkschaften zu implementieren. Für Polanyi ergibt sich eine Doppelbewegung, während der Markt sich erweitert, stößt „diese Bewegung auf eine Gegenbewegung, die diese Expansion in bestimmten Richtungen bremste“ (Polanyi 1977, S. 182). Anders als in der Analyse von Polanyi schenkt Keynes auch hier dem dauerhaften Spannungsverhältnis und der dynamischen Interaktion entfesselter Marktkräfte und gesellschaftlicher Gegenbewegung keine Beachtung, vielmehr sieht er den institutionell geschaffenen Rahmen als beständigen Puffer gegen die Herrschaft des Marktes.

Wendet man die Einsichten beider Ökonomen bei der Frage nach den Hauptursachen für die Finanz- und Wirtschaftskrise von 2008/2009 an, so rückt die Bedeutung des Geldes und die Diskussion um das spekulative Verhalten internationaler Finanzmärkte in den Mittelpunkt. Sowohl Polanyi als auch Keynes sehen im Gegensatz zum ökonomischen Mainstream Geld als Kredit und damit Verschuldungsbeziehung an. Für Keynes ergibt sich das spekulative Element durch die Unsicherheit von Investoren. Diese bedienen sich zur Verringerung ihrer Unsicherheit internationaler Finanzmärkte, auf denen sie ihre weniger liquiden Investitionen in liquide Finanztitel zu konvertieren versuchen. Herdenverhalten auf internationalen Finanzmärkten fördert die spekulative Blasenbildung weiter.

Auch Polanyi bezieht sich bei seiner Erklärung für spekulatives Verhalten auf die Bedeutung internationaler Finanzmärkte, die durch die Globalisierung an Bedeutung gewinnen und für Kapitalisten und Rentiers zunehmend Möglichkeiten eröffnen, von diesem deregulierten Markt zu profitieren. Diese ziehen doppelten Nutzen daraus, denn die beschriebene Gegenbewegung der Nationalstaaten zur Reduktion der gesellschaftlichen Effekte der Deregulierung auf nationalstaatlicher Ebene führt auch zu Investitionszuschüssen. Die gesellschaftliche Gegenbewegung unterstützt somit letztendlich die Mechanismen der Profiteure der Deregulierung und verstärkt nach Polanyi die Verteilungsungerechtigkeiten zwischen den wirtschaftlichen Klassen.

Verstärkt wird die Entwicklung des spekulativen Verhaltens und der steigenden funktionalen Einkommensungleichheiten den Analysen von Polanyi und Keynes zufolge durch den Goldstandard, der den internationalen freien Handel ermöglichen soll. Der Goldstandard schafft durch den fixen Wechselkurs zu Gold die Konvertibilität von internationalen Handelsgeschäften, während internationale Bilanzungleichgewichte durch die interne Abwertung von Lohneinkommen erfolgen soll. Rentiers und Kapitalisten, für Polanyi die Hochfinanz, die aus dem Geldadel als Residuum des Feudalsystems entstand, werden in diesem System gegenüber den Einkommen aus Lohnarbeit bessergestellt.

Verknüpft man die Kritik von Keynes und Polanyi am deregulierten internationalen Finanzsystem mit den theoretischen Mängeln eines Systems des Goldstandards und legt diese auf die heutige Zeit um, ergibt sich einer Erklärung für die asymmetrische Entwicklung in Europa und für die Wirtschafts- und Finanzkrise von 2008/2009. Die Entwicklung der Eurozone und deren standardökonomische Untermauerung als optimales Währungsgebiet kann als Weiterentwicklung des Goldstandards nach der Argumentation von Keynes und Polanyi angesehen werden. Durch die Konvertibilität von Handelswaren in Euro, der quasi das Gold im System des Goldstandards darstellt, wird die ungleiche Entwicklung zwischen Handelswaren und damit jene zwischen Rentiers und Kapitalisten gegenüber Lohneinkommen weiter vorangetrieben. Die wirtschaftliche Entwicklung einer Ökonomie ist nicht zwingend mit der gesellschaftlichen Entwicklung in Form von steigender Beschäftigung und steigenden Löhnen verknüpft.

Polanyi argumentiert vor dem Hintergrund der Überwindung der Wirtschaftskrise der 1930er-Jahre, dass die Effektivität des New Deal und von fiskalischen Maßnahmen erst nach dem Aufbrechen des Goldstandards möglich gewesen seien. „Der New Deal hätte ohne ein Abgehen vom Goldstandard nicht verwirklich werden können, obwohl die Valutafrage kaum eine besondere Bedeutung spielte" (Polanyi 1977, S. 305). Damit bemühen sich sowohl Polanyi als auch Keynes nach dem Zweiten Weltkrieg um eine Neuordnung der Weltfinanzen, als Möglichkeit des *embedded liberalism* für Polanyi oder als *Keynesian consensus*. Bretton Woods stellt eine wesentliche institutionelle Absicherung für die Funktionsweise liberalisierter Märkte dar, ebenso wie die von Keynes vorgeschlagene International Clearing Union, die den Ausgleich offener Forderungen und Verbindlichkeiten für Zentralbanken ermöglichen sollte. Dementsprechend stellen die letzten fast vier Jahrzehnte seit den Deregulierungswellen der 1980er-Jahre, die das Europäische Projekt der Eurozone einschließen, eine Phase der *disembedded markets* dar, die Spekulation und Asymmetrien fördert.

Zitierte und weiterführende Literatur

Kalmbach, Peter (2011), Markt und Staat in zwei GTs: Keynes' General Theory und Polanyis Great Transformation. In: Keynes 2.0 – Perspektiven einer modernen keynesianischen Wirtschaftstheorie und Wirtschaftspolitik, Jahrbuch 23, Ökonomie und Gesellschaft, Marburg: Metropolis, 391–404.

Keynes, John Maynard (1964 [1936]), The General Theory of Employment, Interest, and Money. Orlando: Harcourt, Brace & World.

Polanyi Levitt, Kari (2006), Keynes and Polanyi: the 1920s and the 1990s, in: Review of International Political Economy, 13:1, 152–177.

Polanyi, Karl (1977 [1944]), The Great Transformation. Politische und ökonomische Ursprünge von Gesellschaften und Wirtschaftssystemen. Frankfurt am Main: Suhrkamp (1978 Wien: Europa Verlag).

Pollin, Robert (2000), Globalization, Inequality and Finance Instability: Confronting the Marx, Keynes and Polanyi Problems in Advanced Capitalist Economies, Political Economy Research Institute (PERI), Working Paper Series, No. 8.

Seccareccia, Mario/Correa, Eugenia (2017), Supra-National Money and the Euro Crisis: Lesson from Karl Polanyi. In: Forum for Social Economics, 46:3, 252–274.

Thomasberger, Claus (2016), ‚Kritik der politischen Ökonomie' nach Keynes und Polanyi. In: Truger et al. (Hg.), Monetäre Makroökonomie, Arbeitsmärkte und Entwicklung, Festschrift für Hansjörg Herr, Series of the Research Network Macroeconomics and Macroeconomic Policies, Vol. 17, Metropolis: Marburg, 21–34.

KARL POLANYI UND NANCY FRASER IM DIALOG

Die US-amerikanische Sozialphilosophin Nancy Fraser ist einer der bedeutendsten Köpfe der amerikanischen Linken. Was sie über Karl Polanyi sagte, versetzte ihren deutschen Kollegen Michael Brie in leichte Unruhe. Er schrieb daraufhin diesen fiktiven Dialog

MICHAEL BRIE

Es war an einem dunklen Berliner Herbstabend vor sechs Jahren, als Nancy Fraser in einer Lecture „Dreifachbewegung. Die politische Grammatik der Krise" mit Bezug auf Karl Polanyi eine umfassende Deutung der heutigen historischen Situation vornahm. Sie saß in der überfüllten, etwas düsteren Halle einer früheren Brauerei in Berlins Alter Mitte und stellte die Frage, warum es gegen den Neoliberalismus keine „Polanyi'sche" Gegenbewegung des „Schutzes der Gesellschaft" gebe. Hatte doch Polanyi für das 19. Jahrhundert von einer fast spontanen Form der Gegenwehr gesprochen, von oben wie von unten. Fabrikgesetzgebung, Arbeitszeitregulation, Ansätze hin zum Sozialstaat hatte er vermerkt. Im Augenblick der Etablierung „freier Märkte" sei es sofort zu deren Eindämmung gekommen.

Fraser zählte an diesem Abend die heutigen Hindernisse einer solchen Gegenbewegung auf, eines nach dem anderen: das Fehlen entschiedener Führung einer solchen Gegenbewegung, die Fragmentierung der organisierten Arbeiterbewegung und die Entwertung der nationalen Kampfarenen. Aber alle diese Blockaden schienen ihr nicht hinreichend, um das Ausbleiben wirksamen Widerstands gegen den Neoliberalismus zu erklären. Zu groß doch die Not und viel zu gering die Gegenkräfte. Sie machte aber auch deutlich, wie suspekt ihr „sozialer Schutz" in seiner früheren Gestalt ist. Nicht noch einmal sollte eine Bewegung entfesselt werden, die in den Jahren nach dem

Zweiten Weltkrieg zu bürokratisierten, patriarchalen und auch rassistisch geprägten Wohlstands- und Entwicklungsstaaten geführt hatte. Waren nicht die neuen Bewegungen der 1960er- und 1970er-Jahre mit Recht dagegen Sturm gelaufen?! Eine bloße Wiederholung von Gegenbewegung schien Fraser gleichermaßen unmöglich und unerwünscht. Ein wirklicher Aufbruch sei nur möglich im Bündnis mit einer dritten Bewegung, mit den schon genannten Emanzipationsbewegungen. Diese Emanzipationsbewegungen seien aus den Auseinandersetzungen mit dem Nachkriegskapitalismus entstanden und würden „zu keinem der Pole der Doppelbewegung" passen: „Indem sie Zugang und nicht Schutz verlangten, war ihr Hauptziel nicht die Verteidigung der ‚Gesellschaft', sondern die Überwindung von Herrschaft." Zudem dürften befreiende Momente der Märkte nicht ignoriert werden, wenn sie sozialen Schutz auflösen, „der einen unterdrückenden Charakter hat".

Ihre so gewonnene Zeitdiagnose beschrieb Fraser als Dreifachbewegung: „So wie Polanyis Denkfigur dient die Dreifachbewegung als analytisches Mittel, um die Struktur des sozialen Kampfes in der kapitalistischen Gesellschaft zu gliedern. Aber anders als die Doppelbewegung skizziert sie einen dreiseitigen Konflikt zwischen den Befürwortern der Vermarktlichung, den Anhängern des sozialen Schutzes und den Parteigängern der Emanzipation. Das Ziel ist aber nicht nur einfach ein höherer Grad des Einschlusses von Bewegungen. Es geht vor allem darum, die sich verändernden Beziehungen zwischen diesen drei Gruppen von politischen Kräften zu erfassen, deren Projekte sich überschneiden und miteinander kollidieren. Die Dreifachbewegung verdeutlicht, dass jede dieser Gruppen im Prinzip ein Bündnis mit einer der anderen gegen die dritte Gruppe eingehen kann." Davon ausgehend entwickelte sie dann ihre Vision eines neuen emanzipatorischen Projekts, das die berechtigten Anliegen nach Emanzipation, sozialem Schutz und individuellen Freiheitsrechten verbindet.

Gerade weil ich dieses Projekt für so wichtig halte, gab es während Frasers Vorlesung an jenem Abend einen Moment, der mich in Unruhe versetzte. Mir schien, als würde ein Gespräch mit einem Doppelgänger Polanyis stattfinden. Es war eine Nebenbemerkung Frasers, die mir auffiel: „Anders als Polanyi annahm, kann der Konflikt zwischen Vermarktlichung und sozialem Schutz ... nicht in Isolation von Eman-

zipation verstanden werden." Aber trifft dies wirklich den Kern von Polanyis Verständnis der zentralen Konflikte seiner Zeit? Fehlte ihm die emanzipatorische Dimension? Hatte ich in seinem berühmten Buch „The Great Transformation" nicht ganz anderes gelesen, ganz zu schweigen von seinen vielen Artikeln gegen den Faschismus aus den 1920er- und 1930er-Jahren?

In Nancy Frasers Rezeption erscheint Polanyi als ein schlichter Reformer, der die entfesselten Märkte in das Flussbett sozialer Dämme zurückzwingen will, gleichgültig gegenüber den konkreten Formen sozialer Eindämmung und Regulation – wenn sie denn nur dem zerstörerischen Wirken der Märkte Einhalt gebieten. In ihrer Darstellung wird die Doppelbewegung völlig eindimensional dargestellt. Roosevelts New Deal, Hitlers rassistisch-völkervernichtendes Projekt eines durch Großdeutschland beherrschten Eurasiens sowie der stalinistische Staatssozialismus werden unterschiedslos dem Pol der Gegenbewegung zugeordnet. Die zentrale Weichenstellung seiner Zeit sieht Polanyi aber gerade nicht zwischen Marktradikalismus und einer abstrakten „sozialen Gegenbewegung", sondern zwischen Faschismus und Sozialismus, die beide „in einer Marktgesellschaft

verwurzelt (waren), die nicht funktionieren wollte". Dem Polanyi light der Doppelbewegung, so meine These, muss der wirkliche Polanyi gegenübergestellt werden, jener, der nach emanzipatorischen, die Freiheit solidarisch sichernden Auswegen aus der großen und die gesamte Zivilisation bedrohenden Krise seiner Zeit gesucht hat und genau deshalb heute noch von größter Bedeutung ist.

Mir scheint, dass Fraser Opfer des Erfolgs der allzu vereinfachten Polanyi-light-Rezeption geworden ist. Es ist eine Lesart von Polanyi, die ihn auf die These von einer notwendigen „sozialen" Eingrenzung der Auswüchse globalisierter Märkte, des Finanzmarkt-Kapitalismus und Neoliberalismus, zurechtschneidet und damit seines radikalen, an die Wurzel gehenden Gehalts beraubt. Heute wäre dies das Konzept einer Sozialdemokratie auf der Grundlage und unter Akzeptanz des Neoliberalismus – als einer „höchsten Form des Liberalismus". Ein solcher Ansatz wird von Colin Crouch vertreten. Für ihn ist die Antwort auf die Herausforderungen aus Polanyis Werk ganz schlicht: „Wenn eine Zerstörung stattfindet, kommt es darauf an zu fragen, was der Markt an seine Stelle gesetzt hat; zu fragen, ob dies nicht eine Verbesserung ist; und wenn nicht, dann Vorschläge zu machen." Seine Schlussfolgerung für die heutige Situation ist: „... nicht nur kann die Sozialdemokratie in einer liberalen kapitalistischen Umwelt stark sein, sondern in einer solchen Umwelt erzeugt sie auch einen höheren Grad an Liberalismus als der traditionelle Liberalismus, wenn dieser sich selbst überlassen wird, denn es ist der Konflikt zwischen Liberalismus und Sozialdemokratie, der den Anreiz schafft, immer wieder neue kreative Kompromisse zu suchen." Karl Polanyi erscheint dann als Stammvater eines „eingebetteten Neoliberalismus". Dies wäre dann aber kein „Polanyi light", sondern einfach ein „Polanyi faked".

Für Polanyi erwuchsen der Sozialismus wie der Faschismus gleichermaßen aus der großen Krise seiner Zeit; sie seien beide „in einer Marktwirtschaft verwurzelt, die nicht funktionieren wollte". Und beide waren sie für ihn „revolutionär" insofern, als sie über den gegebenen Zustand hinaus bzw. hinter diesen zurück wollten. Es ist zugleich merkwürdig und erschreckend, dass in der Rezeption der „Großen Transformation" die „bange Frage" des Autors völlig übersehen wird, die er so formuliert: „... ist Freiheit ein leeres Wort, eine Versuchung, die den Menschen und seine Werke zerstören muss (wie im Liberalismus – M.B.), oder kann der Mensch angesichts dieser Erkenntnis (der Realität komplexer Gesellschaften – M.B.) seine Freiheit wieder geltend machen und nach ihrer Verwirklichung in der Gesellschaft streben, ohne in einen ethischen Illusionismus zu verfallen?" Polanyi hatte gehofft, dass „Geist und Inhalt der vorliegenden Untersuchung (seiner „Great Transformation" – M.B.) ... Hinweise auf eine mögliche Antwort" geben möge.

An der Notwendigkeit und Unvermeidbarkeit eines Endes des liberalen Zeitalters konnte es vor dem Hintergrund der großen Krise, von Zerstörung der Demokratie und Weltkrieg für Polanyi keinen Zweifel geben. Und in Sozialismus und Faschismus seiner Zeit sah er zwei realhistorische Anwärter auf ein Darüber-Hinaus oder Dahinter-Zurück. Die Richtung dieser ideologischen Strömungen hätte in seinen Augen gegensätzlicher nicht sein können. Sozialismus würde der „Forderung des Menschen nach Freiheit" in einer komplexen Gesellschaft zur Durchsetzung verhelfen. Faschismus dagegen ziehe aus der gesellschaftszerstörenden Tendenz des Liberalismus die Schlussfolgerung, so Polanyi, dass die Freiheit selbst, die Einzigartigkeit des Individuums und die Einheit der Menschheit zerstört werden müssen.

ALTERNATIVE BEWEGUNGEN DER GEGENWART

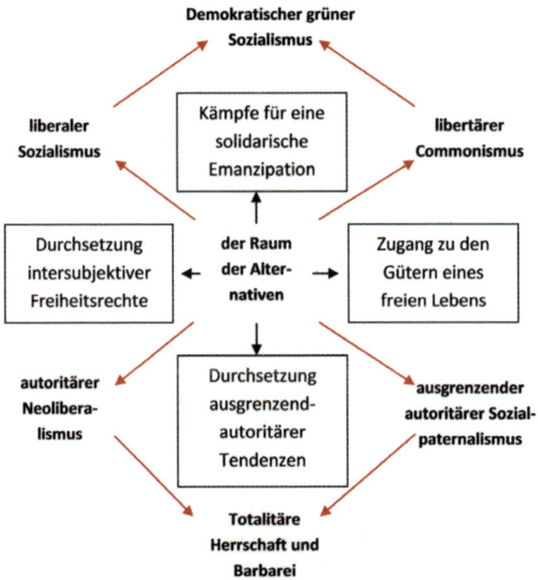

Michael Brie zeichnet die heutigen Kämpfe auf zwei Achsen ein: horizontal die beiden liberalen Orientierungen; vertikal emanzipatorische versus autoritäre Tendenzen

Das eigentliche Polanyi-Moment, so sei behauptet, ist nicht die Gegenbewegung zum Marktradikalismus, sondern die Suche nach einer radikalen Alternative: autoritäre Verteidigung der kapitalistischen Marktgesellschaft oder demokratische Formen der Unterordnung der Wirtschaft unter die Freiheit aller und jedes/jeder Einzelnen. Mit dem Polanyi-Moment kann nicht der Zeitpunkt verstanden werden, zu dem das Pendel einfach zu neuer sozialer Regulierung zurückschlagen müsste, noch kann die Situation durch eine Fraser'sche Dreifachbewegung hinreichend komplex erfasst werden. Wollen wir die politische Grammatik der Gegenwart so verstehen, dürfen wir die immer stärker werdenden Tendenzen hin zu autoritärer und barbarischer Regression nicht ausblenden, wie sie sich in der Hinwendung zu repressiven Strukturen, Fundamentalismen, von Festungskapitalismen und neuer qualitativer Hochrüstung längst abzeichnet. Es gibt nämlich eine vierte Tendenz: die des Autoritarismus und rechten Nationalismus. In Frasers Modell der Dreifachbewegung hingegen sind Bewegungen, die primär regressiv sind, gar nicht vorgesehen.

Doch der Übergang von einer Dreifach- zu einer Vierfachbewegung für sich genommen reicht nicht aus, um Frasers eigentlichem Anliegen gerecht zu werden, das auf ein Bündnis sozialer und emanzipatorischer Bewegungen zielt und zugleich die positiven Ansätze aufgreifen will, die mit der Gewinnung von Freiheit durch Ausweitung von Marktchancen und libertären Rechten verbunden sind. Die heutigen Kämpfe müssen meines Erachtens in einem zweidimensionalen Raum mit zwei Achsen verortet werden. Die beiden Pole der horizontalen Achse sind die dem Liberalismus verpflichtete Orientierung, die Freiheitsrechte der Individuen zu verteidigen, einerseits und die Erwartung der Bürgerinnen und Bürger, dass ihnen als Angehörige von Gemeinschaften die grundlegenden Bedingungen eines guten Lebens zur Verfügung gestellt werden – Arbeit und Bildung, Gesundheitsvorsorge, eine saubere Umwelt, demokratische Mitbestimmung und Frieden –, andererseits. Es sind dies die sozialen Pole. Die Pole der vertikalen Achse dagegen wären die von emanzipatorischer versus autoritärer Vermittlung dieser grundlegenden Gegensätze moderner Gesellschaften. Man könnte auch sagen: Keine solidarische Emanzipation ohne eine neue Synthese von intersubjektiven Freiheitsrechten und Zugang zu den Grundgütern eines freien Lebens, den Commons.

Wenn man den Raum von Alternativen genauer betrachtet (s. Grafik auf S. 147), der durch diese beiden Achsen gebildet wird, kann man die Realbewegungen, mit denen sich Polanyi wie Fraser konfrontiert sehen, besser verstehen und präziser einordnen. Es entsteht ein Dialog mit einem ganzen Spektrum von Bewegungen und Gegenbewegungen. Ich möchte dies mit Bezug auf den Neoliberalismus, den liberalen Sozialismus, den libertären Commonismus und den autoritären Sozialpaternalismus tun.

Fangen wir mit dem Neoliberalismus an: Dieser ist eine Verbindung von Kapitalverwertungsinteressen mit der Anerkennung von Freiheitsansprüchen der Einzelnen unter Absehung der sozialen Bedingungen ihrer Verwirklichung. Die sich daraus ergebenden

Widersprüche werden mit Verweis auf die Sachzwänge des Finanzmarkt-Kapitalismus autoritär vermittelt. Es gibt eine zweite, heute politisch noch schwache Bewegung, die sich vor allem um einen New Green Deal, einen New Public Deal, das Konzept eines globalen Marshallplans usw. gruppiert. Ihr gemeinsamer Hintergrund ist ein erneuerter oder radikalisierter Sozialliberalismus. Schon Keynes hatte eine über den klassischen Sozialliberalismus hinausgehende Vision eines liberalen Sozialismus formuliert, die er so auf den Punkt brachte: „Die Frage ist, ob wir darauf vorbereitet sind, uns vom Laissez-faire-Staat des 19. Jahrhunderts hin zu einer Ära des liberalen Sozialismus zu bewegen, womit ich ein System meine, wo wir als organisierte Gemeinschaft mit gemeinsamen Zielen agieren können und soziale und ökonomische Gerechtigkeit befördern, gleichzeitig aber das Individuum respektieren und schützen – seine Freiheit der Wahl, seines Glaubens, seiner Gedanken und ihrer Ausdrucksformen, seines Unternehmens und seines Eigentums."

Eine dritte und an Bedeutung zunehmende Bewegung der Gegenwart ist die, die mit der Wiederaneignung der Gemeingüter als Bereich der Erzeugung der Bedingungen einer freien Gemeinschaftlichkeit verbunden ist. Dazu gehören das Commoning, die solidarische Ökonomie, die verschiedensten Formen alternativer Produktion von den Genossenschaften bis hin zur Peer-to-Peer-Ökonomie. Dies schließt auch Ansätze ein, den Sozialstaat als partizipatorische soziale Infrastruktur umzubauen und mit erhöhter Autonomie und Selbstbestimmung im Feld der Erwerbsarbeit zu verbinden. Diese Strömung kann als libertärer Commonismus bezeichnet werden. Und es gibt viertens eine Bewegung, die sich erneut autoritär paternalistisch auf das Sozial-Gemeinschaftliche bezieht, die negativen Freiheitsrechte (beginnend mit „Ausländern", „Andersgläubigen" usw.) reduzieren will und dazu tendiert, Andersdenkende, Anders-Seiende auszugrenzen. Der hier verwendete Oberbegriff ist der des ausgrenzenden autoritären Sozialpaternalismus.

Wie schon zu Zeiten Polanyis steht auch heute die Alternative, ob die Fundamente unserer Gesellschaften unter den Imperativen der Kapitalakkumulation irreversibel zerstört werden oder ob sie entsprechend ihren eigenen Potenzialen und mit dem Zweck eines reicheren menschlichen Lebens heute und in Zukunft wirken können.

Dies aber, so zumindest die Position von Polanyi, ist mit einer kapitalistischen Marktgesellschaft unvereinbar. Der „Konflikt zwischen dem Markt und den elementaren Erfordernissen eines geordneten gesellschaftlichen Lebens“ muss durch die Überwindung der Marktgesellschaft gelöst werden oder es kommt zum Untergang der Zivilisation und zur Barbarei – dies war die feste Überzeugung Karl Polanyis im Angesicht der Epochenkrise der 1930er- und 1940er-Jahre.

Die entscheidende strategische Aufgabe einer transformatorisch orientierten Linken im Geiste von Karl Polanyi und Nancy Fraser wäre es, dazu beizutragen, die Grundlage der sogenannten Doppelbewegung, die kapitalistische Marktgesellschaft, aufzuheben. Dies berührt sich nun wiederum mit der Zielstellung „nichtreformistischer Reformpolitiken“, wie sie Fraser fordert, die zwei Seiten hätte: „Einerseits beziehen sie sich auf vorhandene Identitäten von Menschen und kümmern sich um deren Bedürfnisse, so wie diese innerhalb eines bestehenden Rahmens der Anerkennung und Verteilung ausgelegt werden; andererseits treten sie eine Dynamik los, in deren Zuge radikalere Reformen möglich werden. Wenn sie erfolgreich sind, verändern nichtreformistische Reformen mehr als die spezifischen institutionellen Merkmale, auf die sie eigentlich zielen. Darüber hinaus bereiten sie den Boden für spätere Auseinandersetzungen. Indem sie das System der Anreize und der politischen Opportunitätskosten verändern, schaffen sie neuen Spielraum für künftige Reformen. Längerfristig können sie, durch Kumulation ihrer Effekte, auch auf die zugrunde liegenden Strukturen einwirken, die Ungerechtigkeiten bedingen.“ Sozial und ökologisch orientierte Einstiegsprojekte in einen Green New Deal und Einstiegsprojekte in eine solidarische Ökonomie im weitesten Sinne, in eine Reproduktionsökonomie, die auf Commoning basiert, würden dabei verschmolzen werden.

Wollte man Frasers Botschaft von der Dreifachbewegung im Geiste von Karl Polanyi ausgehend von dem hier entwickelten Ansatz reformulieren, so könnte sie heißen: Wir sollten darauf hinarbeiten, dem Bündnis von Neoliberalismus und autoritärem Sozialpaternalismus, wie er jetzt vorherrscht, das Bündnis aus liberalen Sozialistinnen und Sozialisten und durch und durch libertären Commonistinnen und Commonisten entgegenstellen.

WARUM POLANYI NATUR „FIKTIVE WARE“ NENNT

Obwohl nicht zum Verkauf bestimmt, wird Natur im Kapitalismus als Ware behandelt. Das geht nicht gut

MARKUS WISSEN

Was wir als Grund und Boden bezeichnen, ist ein mit den Lebensumständen des Menschen untrennbar verwobenes Stück Natur. Dieses Stück Natur herauszunehmen und einen Markt daraus zu machen war das vielleicht absurdeste Unterfangen unserer Vorfahren“, schreibt Karl Polanyi in „The Great Transformation“ (TGT, S. 243). Heute ist es normal, Natur, also Boden, Rohstoffe, Wasser oder deren Leistungen für die Menschen wie die Speicherung von CO_2, als Ware zu handeln. Es ist sogar so normal, dass sich die Frage stellt, warum Polanyi es jemals als „absurd“ bezeichnen konnte.

Die Antwort liegt im Konzept der Ware. Eine Ware ist ein Gut, das hergestellt wird, um es zu veräußern. Natur fällt ebenso wie Arbeitskraft und Geld nicht unter diese Definition. Menschen mögen Bäume pflanzen, um deren Fähigkeit, mittels Photosynthese der Atmosphäre CO_2 zu entziehen, im Rahmen des Emissionshandels zu verkaufen. Die Bäume jedoch erbringen die Leistung der Photosynthese ohne Verkaufsabsicht.

Obwohl nicht zum Verkauf produziert, wird Natur im Kapitalismus als Ware behandelt. Sie ist Polanyi zufolge deshalb eine fiktive Ware. Allerdings verliert ihr Warencharakter seine Fiktion, wenn man – mit Marx – ergründet, was beim Verkauf eines Stücks Natur eigentlich geschieht: Nicht Natur selbst wechselt in einen anderen Besitz, sondern die Resultate der menschlichen Arbeit, die ihr unter Umständen in der Vergangenheit hinzugefügt wurden, vor allem aber der Anspruch auf die Erträge, die sich mit ihr künftig erwirtschaften lassen.

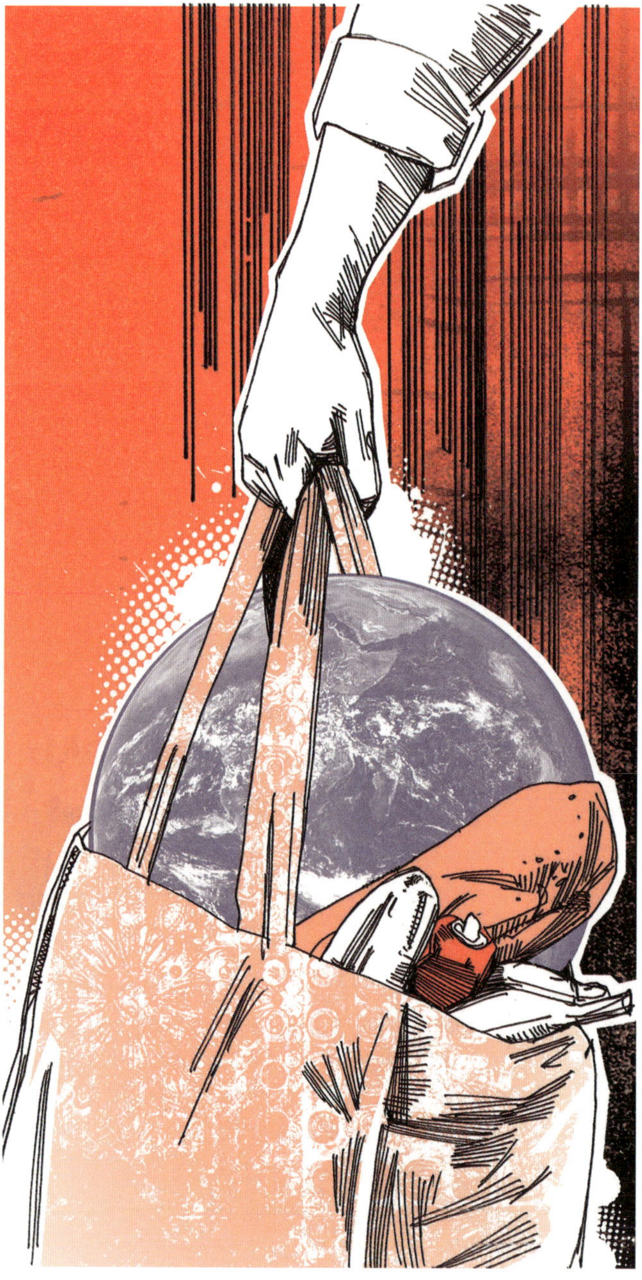

Wer etwa ein Stück Boden erwirbt, in dem Steinkohle vermutet wird, zahlt nicht für den Prozess der Fossilisation, dessen Ergebnis die Steinkohle ist. Diese „Arbeit“ hat die Natur ganz ohne monetäre Anreize erledigt. Wer das Stück Boden kauft, erwirbt vielmehr die vielleicht schon vorhandenen Förderanlagen. Vor allem aber das Recht, die Steinkohle zu extrahieren oder extrahieren zu lassen und aus der Leistung derer, die diese Arbeit verrichten, einen Profit oder eine Rente zu ziehen.

Dass Natur als „Ware“ gehandelt, also kommodifiziert wird, ist ein historisch neues Phänomen. Polanyi unterscheidet ausgehend vom Beispiel Englands drei „Stadien in der Unterwerfung der Oberfläche des Planeten unter die Erfordernisse einer Industriegesellschaft“ (TGT, S. 245).

Erstes Stadium: Land wird aus der gemeinschaftlichen oder feudalen Bewirtschaftung herausgelöst. Gleichzeitig werden die unmittelbar Produzierenden aus persönlichen Abhängigkeitsverhältnissen entlassen, von der Verfügung über die Mittel ihrer Subsistenz befreit und zu Lohnarbeitenden gemacht, aus der gemeinschaftlichen bzw. feudalen Bewirtschaftung herausgelöst. Das Privateigentum an Grund und Boden sowie das Recht, mit ihm zu handeln, entwickelt sich zu einem zentralen Bestandteil individueller Freiheit.

Zweites Stadium: In der Folge wird die Grundversorgung eines wachsenden Teils der Bevölkerung marktabhängig. Lebensmittel, die bis in die frühe Neuzeit hinein entweder für den Eigenbedarf produziert oder auf lokalen Märkten gehandelt wurden, müssen ab der zweiten Hälfte des 18. Jahrhunderts über immer weitere Distanzen transportiert und verkauft werden, um die rasch wachsende Bevölkerung der entstehenden Industriestädte zu versorgen, die über nichts anderes verfügt als die eigene Arbeitskraft.

Drittes Stadium: Diese Entwicklung wiederholt sich im globalen Maßstab. Mit dem Freihandel wurde „die landwirtschaftlich-industrielle Arbeitsteilung (...) auf den Erdball ausgedehnt“ (TGT, S. 247). Die industriellen Zentren importieren mineralische und metallische Rohstoffe sowie agrarische Güter und verwenden sie zum Zweck des individuellen ebenso wie des „produktiven“, also industriellen Konsums.

Bei diesen Stadien handelt es sich freilich eher um eine Heuristik, mit der sich die heutigen Ausprägungen der Kommodifizierung von Natur begreifen lassen, als um einen abgeschlossenen Prozess. Eine dem ersten Stadium Polanyis vergleichbare Inbesitznahme von Boden ist etwa das in jüngerer Zeit diskutierte und kritisierte *land grabbing:* Gemeinschaftlich, häufig extensiv und nach nichtkodifizierten Regeln bewirtschaftetes Land wird zunächst einem formalen Rechtssystem unterstellt und sodann privatisiert, um darauf für den Export bestimmte Produkte anzubauen.

Die von Polanyi als zweites Stadium beschriebene Urbanisierung lässt sich heute in den aufstrebenden Schwellenländern beobachten. An Chinas Ostküste wachsen die Städte in einem atemberaubenden Tempo. Sie ziehen Arbeitskräfte aus ländlichen Regionen an, deren Reproduktion ähnlich wie jene des Proletariats in den englischen Industriestädten des 19. Jahrhunderts von Lebensmittelmärkten abhängig wird.

Drittens versucht der Kapitalismus seine wiederkehrenden Krisen nicht zuletzt dadurch zu überwinden, dass er die Kommodifizierung von Arbeitskraft und Natur in einem globalen Maßstab intensiviert. Nichts anderes verbirgt sich hinter der vielbeschworenen „Globalisierung“: Der Kapitalismus dringt in immer neue Bereiche vor. Agroindustrielle oder pharmazeutische Konzerne des globalen Nordens etwa erwerben geistige Eigentumsrechte an der biologischen Vielfalt des globalen Südens, um die Informationen, die das Erbgut von Pflanzen enthält, exklusiv für die Entwicklung biokapitalistischer Hightech-Produkte zu verwerten.

Der zentrale Widerspruch der Kommodifizierung besteht darin, dass die Leistungen von Natur für die Gesellschaft gleichzeitig angeeignet und bedroht werden. Natur als Ware zu behandeln beinhaltet, den maximalen Ertrag aus ihr zu ziehen. Die Stofflichkeit von Natur, ihre Reproduktionsnotwendigkeiten, werden diesem Ziel untergeordnet – mit dem Ergebnis erodierter Böden, verschmutzter Gewässer, zerstörter kleinbäuerlicher Existenzen oder globaler Erwärmung.

In der Vergangenheit haben die destruktiven Folgen der Kommodifizierung von Natur immer wieder Gegenbewegungen hervorgerufen. Nicht selten waren diese reaktionär, etwa wenn sich Großgrundbesitzer der „Mobilisierung des Bodens“ (TGT, S. 253) widersetzten und für Agrarprotektionismus stritten.

Progressive Gegenbewegungen kämpfen für Landreformen, die den Boden der wirtschaftsliberalen Marktlogik ebenso wie der reaktionären Herrschaft von Großgrundbesitzern entziehen. Sie treten für eine demokratische Kontrolle basaler Infrastruktursysteme wie der Wasser- und der Energieversorgung ein, die in den Hochzeiten des Neoliberalismus privatisiert wurden. Damit nehmen sie gemeinschaftliche und nachhaltige Formen des Wirtschaftens jenseits des Kapitalismus vorweg.

Polanyi selbst bezweifelte, dass sich die sozialen und ökonomischen Probleme seiner Zeit noch im Rahmen des – von ihm als „Marktgesellschaft“ bezeichneten – Kapitalismus lösen ließen. Stattdessen hielt er eine sozialistische Transformation für nötig, und zwar gerade im Interesse der individuellen Freiheit, die im Kapitalismus notwendig auf Kosten anderer geht. Angesichts der vielfältigen Krisen – nicht zuletzt der durch „freie“ Märkte intensivierten Krise der Natur – ist dieses Postulat heute aktueller denn je.

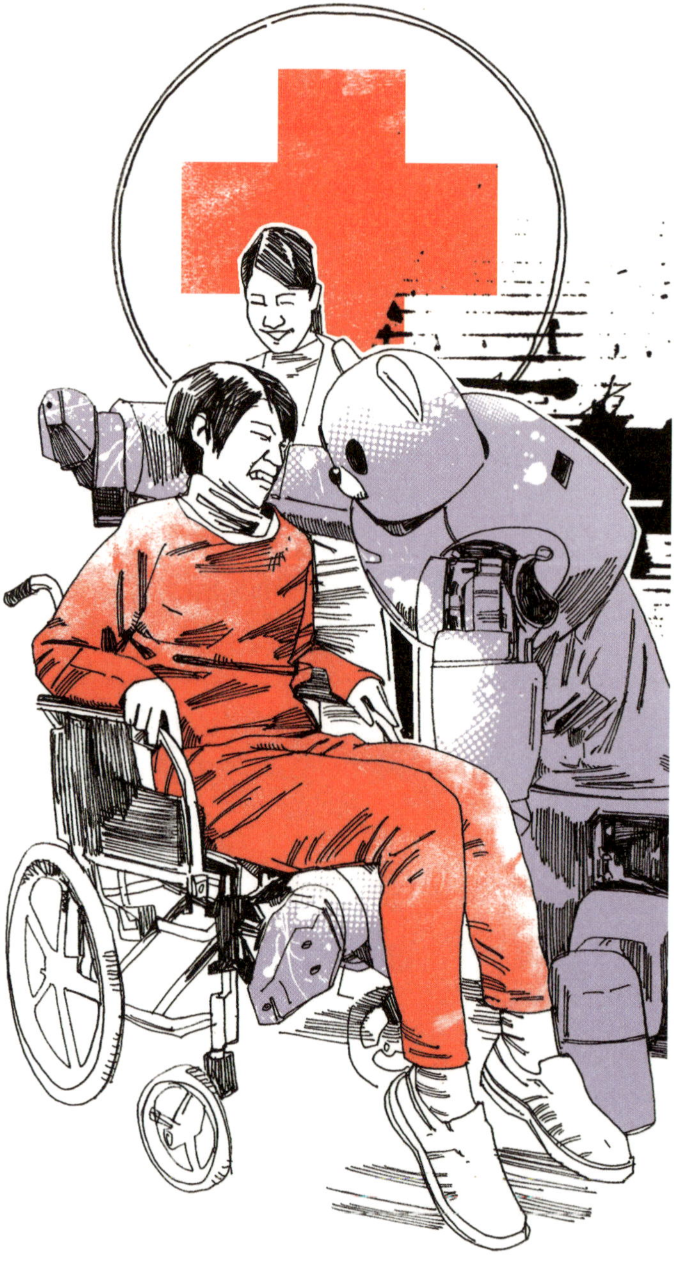

SORGEMÄRKTE: VOM SORGLOSEN ZUM SORGENDEN KAPITALISMUS?

Der Pflegeroboter ist ein fragwürdiges Symbol für die Idee, das unwägbare Leben zu beherrschen

BRIGITTE AULENBACHER

Die kapitalistische Gesellschaft ist eine sorglose Gesellschaft, sorglos nicht im Sinne der Leichtigkeit des Seins, sondern sorglos im Umgang mit den ökologischen und sozialen Grundlagen des Lebens. Dazu zählt auch die Selbst- und Fürsorge.

Alle Menschen sind in allen Phasen des Lebens – nicht nur in Kindheit und Alter, bei Krankheit und Gebrechlichkeit – alltäglich darauf angewiesen, für sich zu sorgen, und darauf, dass jemand für sie sorgt. Die Sorge für sich und andere ist aber nicht nur für die Einzelnen unerlässlich. Sie ist es auch für das Funktionieren der Gesellschaft einschließlich der Wirtschaft.

Die Wirtschaft greift auf Arbeitskräfte zu, die in Familien erzogen, in Kindergärten betreut, in Schulen gebildet, in Spitälern geheilt werden. In ihren Profit-, Rentabilitäts-, Effizienzorientierungen hingegen sieht sie von Sorgebelangen entweder ab oder macht sie sich zu eigen, wenn ihre Erfüllung ökonomischen Nutzen verspricht. Arbeitszeiten, die der Selbst- und Fürsorge und damit dem Zusammenleben von Eltern und Kindern, von Jungen und Alten, von Gesunden und Kranken zuträglich sind, sind die Ausnahme, nicht die Regel und schon gar kein Recht. Für Social Freezing, also das Einfrieren von Eizellen, das es Frauen ermöglicht, die Geburt von Kindern biografisch nach hinten zu schieben und somit die Lebensphase der Höchstleistungsfähigkeit der Karriere und dem Konzern zu widmen, tragen Großunternehmen hingegen durchaus (finanziell) Sorge.

In einer in dieser Weise sorglosen Gesellschaft ist es nicht verwunderlich, dass die Selbst- und Fürsorge einerseits ein Schattendasein führt und, mehr noch, bis an die Grenzen ihrer Gefährdung vernachlässigt wird. Andererseits wird sie, ebenfalls nicht verwunderlich, dort zum Geschäft, wo sie lukrativ vermarktbar ist.

Ganz im Polanyi'schen Sinne haben Marktmechanismen die gesellschaftliche Organisation der Selbst- und Fürsorge in den letzten Jahrzehnten in zunehmendem Maß durchdrungen. Es sind Sorgemärkte entstanden, auf denen Sorgeleistungen und Sorgearbeit in zahlreichen Varianten zum Verkauf angeboten werden. Ähnlich, wie es Karl Polanyi für Land, Arbeit, Geld anspricht, handelt es sich auch bei der Selbst- und Fürsorge um eine Grundvoraussetzung gesellschaftlichen Lebens, die zu kommodifizieren – also zur Ware zu machen – ihr wesensfremd ist und der Gesellschaft an die Substanz geht. Ist der Markt zudem der alleinige oder vorrangige Taktgeber für die Art und Weise, wie die Selbst- und Fürsorge kommodifiziert wird, droht sie in dem, was sie ausmacht oder ausmachen sollte – in der lebensdienlichen Sorgsamkeit im Umgang mit Menschen und Natur –, zerstört zu werden. Die Selbst- und Fürsorge ist eine „fiktive Ware" im Polanyi'schen Sinne.

An der Vermarktlichung der Selbst- und Fürsorge per se ist nichts neu, ihre Art und Weise hingegen streut so breit wie nie zuvor, da immer mehr Bereiche des Sorgens marktgängig geworden und vermarktlicht worden sind: von Wellness bis zur Organisation des Kindergeburtstags, von der 24-Stunden-Betreuung in den eigenen vier Wänden bis zum späten Neuanfang im betreuten Wohnen oder der stationären Pflege in verschiedenen Regionen der Welt, von der Leihmutterschaft bis zum bereits genannten Social Freezing, vom Ambient Assisted Living, also der digital gestützten Organisation des Alltags, bis zum Einsatz von Pflegerobotern reicht das Angebot. Was, so ließe sich einwenden, ist schlecht daran oder schlechter noch, als es angesichts des Schattendaseins der Selbst- und Fürsorge in überforderten Familien, der ungleichen Verteilung von Sorgepflichten und -lasten zwischen den Geschlechtern, unzureichender staatlicher Sozialleistungen, des Einspringens von

Kindern und Jugendlichen in die Sorge für erwachsene Angehörige immer schon gewesen ist?

Wenngleich diese Probleme nicht von der Hand zu weisen sind oder, anders gesagt, die Selbst- und Fürsorge in einer von Grund auf sorglosen Gesellschaft eben noch nie zufriedenstellend gelöst war, so sind die neuen Sorgemärkte für sich genommen aber dennoch keine Lösung.

Und zwar aus mehreren Gründen: Der Markt allein wird es nicht richten. Im Gegenteil: Nach Karl Polanyi richtet gerade die wirtschaftsliberale Idee des selbstregulierenden Marktes, auf dem scheinbar die Besten die Konkurrenz überleben, im Hinblick auf die „fiktiven Waren" Land, Arbeit, Geld den größten Schaden an. So ist es in gewisser Weise auch bei der „fiktiven Ware" Sorge.

Zueinander in Konkurrenz gesetzt haben stationäre Pflegeeinrichtungen und vor allem ihre Beschäftigten wie die Betreuten dies in den letzten Jahrzehnten schmerzlich erfahren müssen: Ökonomisch effiziente Pflege ist Pflege im Minutentakt, weit entfernt von allen Vorstellungen guter Pflege, die sich mit den entsprechenden Berufen verbinden. Die mündige Kundin und der mündige Kunde – wie die Patientin und der Patient unabhängig von ihren Gebrechen im Marktjargon zu fassen sind – können zwischen den Einrichtungen wählen und, wenn sie über die Zahlungsfähigkeit verfügen, ein hochpreisiges Segment mit vielleicht besseren Angeboten aufsuchen.

In der 24-Stunden-Betreuung – oftmals weltweit so organisiert, dass Migrantinnen in die Haushalte der zu betreuenden Familien, Kinder, Alten, Kranken einziehen – werben Vermittlungsagenturen beispielsweise in Singapur damit, dass sie für die Haushalte gebührenfrei arbeiten und die vermittelten Arbeitskräfte keinen freien Tag und geringe Löhne haben. Wie geht das? Es geht aufgrund eines transnationalen Arbeitsmarktes, auf dem in der Regel weibliche Arbeitskräfte aus den Philippinen mangels Alternative zu diesen Bedingungen verfügbar sind und die Agenturen Teile des Lohns einbehalten. Der Kinderwunsch von Paaren und Einzelnen im globalen Norden wird durch Leihmutterschaft erfüllt, die im globalen Süden geschäftsmäßig organisiert wird. Nichts fügt sich hier nach Prinzipien der Freiwilligkeit, sondern ökonomische Zwänge und soziale Privilegien sorgen dafür, wer wie für andere sorgt oder durch andere versorgt wird.

Von Mechanismen des selbstregulierenden Marktes befreit, so Karl Polanyis Vision, könne die industrielle Zivilisation Freiheit und Gerechtigkeit ermöglichen. Gewiss, der Pflegeroboter ist nicht unabhängig von der bisherigen ökonomischen Entwicklung zu denken, aber ihm ist doch mehr eingeschrieben als die wirtschaftsliberale Idee des selbstregulierenden Marktes. Er ist geradezu Sinnbild für die Vorstellung, das Leben mit allen seinen Unwägbarkeiten wie Krankheit, Gebrechlichkeit und Alter durch Technologie beherrschen zu können. Eine Vorstellung, die ebenso fraglich ist wie die des selbstregulierenden Marktes.

Sorgemärkte sind kein Weg in eine sorgende Gesellschaft, vielmehr schreiben sie die Sorglosigkeit des Kapitalismus fort. Sie machen neue Selbst- und Fürsorgeangebote für jene, die es sich leisten können. Das ist keine Lösung für jene, die hierfür in die Pflicht genommen werden, weil sie keine Alternative haben. Und es ist keine Lösung für die Gesellschaft insgesamt. Sie muss sich darüber verständigen, was ihr die Selbst- und Fürsorge wert ist – und dieser Wert geht im Marktwert sicher nicht auf.

WISSEN ALS „FIKTIVE WARE“ UND DIE WISSENSGESELLSCHAFT

Wird Wissen zur Ware, reduziert das die Menschen auf „bloße Brocken von Rohmaterial“ (Polanyi)

MICHELE CANGIANI

Karl Polanyis Behauptung, dass „Arbeit, Land und Geld offensichtlich keine Waren sind“, weil sie nicht zum Verkauf hergestellt werden, muss im Zusammenhang mit seinen weiteren Darstellungen und im gesamten Kontext seiner Theorie verstanden werden. Die Arbeit lässt sich nicht loslösen vom restlichen Leben des Arbeiters. Er ist das Subjekt, nicht das Objekt der Produktion. Land ist nur ein anderer Name für Natur, die menschliche Kulturen im Allgemeinen als gemeinsames Erbe betrachtet haben, als die Grundbedingung des menschlichen Lebens. Geld ist „nur ein Zeichen von Kaufkraft“, ein Mittel, kein Zweck. Folgerichtig schreibt Polanyi: „Arbeit, Land und Geld als Ware zu beschreiben, ist völlig fiktiv“ – sowohl für logisch-ethische als auch für empirische Motive –, wenn diese Zuschreibung durch ihre Anwendung auf Arbeit, Land und Geld per se eine allgemeine Bedeutung erhält. Erst mit dem Aufstieg des Kapitalismus wurde diese Fiktion „zum organisierenden Prinzip der Gesellschaft“. Solche zufälligen Bedingungen von Arbeit, Land und Geld sollten nicht als deren „Substanz“ missverstanden werden.

In der kapitalistischen Gesellschaft werden Güter produziert, um als Waren verkauft zu werden; Arbeit und Land werden aber nicht kapitalistisch produziert, sondern auf dem Markt der Produktionsfaktoren gekauft und verkauft. Es ist kein Wunder, dass auch Wissen zur Ware geworden ist. Tatsächlich hat Wissen als Produktionsfaktor

Wissen
für alle

in der gegenwärtigen Phase der „Wissensgesellschaft" eine besondere Relevanz erlangt.

Ist Wissen in Polanyis Sinn eine fiktive Ware? Anders als Arbeit, Land und Geld ist Wissen tatsächlich das Ergebnis menschlicher Arbeit. Die Frage könnte also passenderweise wie folgt formuliert werden: Was ist die Art und Weise, was sind die Konsequenzen des wachsenden kapitalistischen Managements der Produktion und des Einsatzes von Wissen?

Dies ist kein neues Problem. Karl Marx schreibt, dass, wenn sich der Kapitalismus jenseits der Bühne der Manufaktur entwickelt, „die große Industrie die Wissenschaft als selbständige Produktionspotenz der Arbeit trennt und in den Dienst des Kapitals preßt". In der Phase der „Wissensgesellschaft" – und des siegreichen Neoliberalismus – erhält diese allgemeine Tendenz eine neue Form und gesteigerte Möglichkeiten.

Wissenschaftliche Entdeckung und Wissen wurden ursprünglich von technischen Erfindungen unterschieden, wobei erstere Allgemeingut blieben. Später neigten sie dazu, ineinander aufzugehen. Neuerdings beschleunigt sich dieser Prozess dramatisch. Zum Beispiel sind die „Technowissenschaften" – Informatik und Gentechnik – entstanden. Dementsprechend stieg in den Vereinigten Staaten der Anteil von Forschung und Entwicklung (F & E) am BIP von 0,4 Prozent im Jahr 1940 auf 2,79 Prozent im Jahr 2015 (weltweit im Jahr 2015 2,09 %).

Diese Entwicklungen, die mit dem Aufstieg der „wissensbasierten Wirtschaft" einhergingen, wurden auch durch Änderungen des Urheberrechtsregimes wie Patentierung und Lizenzierung unterstützt. Beginnend in den Vereinigten Staaten im Jahr 1980 haben die Gesetze über Rechte an geistigem Eigentum einen grundlegenden Wandel durch die Ausweitung der Patentierbarkeit auf wissenschaftliche Entdeckungen erreicht. Das Bayh-Dole-Gesetz, zusammen mit seinen Zusätzen in den folgenden Jahren, erlaubte und ermutigte sogar die Zusammenarbeit zwischen Firmen und Forschungsorganisationen, vor allem Universitäten. Private Finanzierung und private Interessen wurden dadurch animiert, dass das Gesetz Patentschutz und Kommerzialisierung bei der Lizenzvergabe gewährt. Patente können für Ergebnisse wissenschaftlicher Forschung wie Genomkartierung oder

-modifikation und für die Entdeckung oder Erzeugung von Mikroorganismen gewonnen werden.

Zwei Punkte verdienen Beachtung. Erstens schaffen Patente auf wissenschaftliche Entdeckungen eine künstliche – fiktive – Knappheit von Gütern, die früher als Gemeingüter galten. Diese Güter sind nicht nur Ergebnis einer Ansammlung unzähliger Beiträge in Zeit und Raum, sie sind auch nicht rivalisierende und nicht ausschließbare Güter, das heißt, ihre Offenheit für universellen Gebrauch ist möglich und ratsam. Denn ihr Gebrauch bedeutet nicht ihre Verminderung, im Gegenteil, dieser begünstigt ihre Verbesserung und Vermehrung. Zweitens zielt die private Finanzierung der Grundlagenforschung darauf ab, sie im Hinblick auf die Gewinne zu betrachten, die durch aus der Anwendung wissenschaftlicher Ergebnisse entstandene Waren erzielt werden können.

Polanyis Schriften gehen kritisch an diese beiden Punkte heran. Zum Ersten erklärt er, dass nur in der marktkapitalistischen Wirtschaft ein Gut knapp sein muss, um als Wirtschaftsgut wertvoll zu sein. Die Knappheit wird hier zur universellen Prämisse, weil wirtschaftliche Aktivitäten die Form der Ökonomisierung annehmen, also Geld einsetzen, um mehr Geld zu bekommen. Geistige Eigentumsrechte einschließlich Patente erweitern in der Tat den Bereich der wertvollen Güter und damit der Kapitalinvestitionen.

Was den zweiten Punkt anbelangt, geht Polanyi von der Autonomie der Wirtschaft aus, die er als ein besonderes Merkmal der modernen Gesellschaft betrachtet. Wirtschaftliche Zwecke und Prozesse folgen daher nicht rationalen Entscheidungen im Hinblick auf das soziale Wohlergehen, einschließlich des ökologischen Gleichgewichts des Planeten Erde. Vor allem Wissen tendiert dazu, für geldpolitische Ziele instrumentalisiert zu werden, wobei diese Ziele in der Regel das politisch entschiedene öffentliche Interesse nicht berücksichtigen. Zum Beispiel ist es höchst zweifelhaft, ob es sozial von Vorteil ist, wenn große Unternehmen der Landwirtschaft genetisch verändertes Saatgut und chemische Produkte auflegen. Eine notwendige Voraussetzung für eine solche Auflegung ist die monopolistische Kontrolle des Wissens, das entweder von den Unternehmen selbst produziert oder durch Patentierung aus alten kulturellen Traditionen gewonnen wird.

Die Kommerzialisierung von Wissen im aktuellen sozioökonomischen Kontext impliziert auch eine zunehmende Kommodifizierung von „fiktiven Waren". In Polanyis Worten wird die Natur zum Zweck ihrer unmittelbaren Ausbeutung „auf ihre Elemente reduziert", und die Menschen werden organisiert, „als wären sie bloße Brocken von Rohmaterial". Eine enorme Masse spekulativer Geldanlagen – fiktive Geldwerte – bedroht unsere Zukunft. Zum Beispiel ermöglichte die Entwicklung digitaler Technologien das in letzter Zeit rasante Wachstum von sogenannten plattformbasierten Unternehmen, die fragmentierte, prekäre und unterbezahlte Arbeiter und Arbeiterinnen ohne Recht und Sicherheit beschäftigen. Auch die Verarbeitung von Big Data erfordert nicht nur diese Art von Arbeit. Sie konzentriert auch Wissen und Macht, was bisher undenkbare Möglichkeiten zur Kontrolle und Beeinflussung der öffentlichen Meinung bietet.

Polanyi war im Gegensatz dazu davon überzeugt, dass die Verbreitung von Informationen und Demokratie voneinander abhängig sind und beide dazu benötigt werden, um desintegrierenden Tendenzen der Gesellschaft entgegenzuwirken. Unser Hauptzweck, sagt er, sollte darin bestehen, „die Demokratie durch Wissen und Selbstverantwortung ins Mannesalter hinüber zu führen".

DIE ZWEITE GROSSE TRANSFORMATION

Die marktgetriebene Digitalisierung der Arbeit befördert deren Freisetzung aus arbeits- und sozialrechtlichen Schutzregeln

HANS-JÜRGEN URBAN

Karl Polanyis Arbeiten stoßen auf wachsendes Interesse. Zu Recht. Denn Polanyis Analyse der Großen Transformation gehört nicht nur zu den Klassikern der Wirtschaftsgeschichte. Sie enthält auch ein erstaunliches Anregungspotenzial für die Analyse der Umbrüche im Gegenwartskapitalismus. Das gilt nicht zuletzt für die vieldiskutierte Digitalisierung.

Polanyi befasst sich in seinem Hauptwerk mit der Entstehung der liberalen Marktgesellschaften des 19. Jahrhunderts und ihrem Umkippen in faschistische Regime in der Mitte des 20. Jahrhunderts. Seine Argumentation läuft auf die These hinaus, „dass die Ursprünge der Katastrophe in dem utopischen Bemühen des Wirtschaftsliberalismus zur Errichtung eines selbstregulierenden Marktsystems lagen" (S. 54)[1].

Dabei argumentiert Polanyi wie folgt: Die Marktgesellschaften entstanden durch die Herauslösung der Märkte aus den gesellschaftlichen Verhältnissen. In ihnen wurde die Ordnung der Warenproduktion und -distribution komplett unregulierten Märkten überlassen. Auch Arbeit, Boden und Geld. Doch ihre Einbeziehung in die „Teufelsmühle des Marktes" bedeutete, „die Gesellschaftssubstanz schlechthin den Gesetzen des Marktes unterzuordnen" (S. 106). Denn Arbeit, Boden und Geld sind keine normalen, sondern fiktive Waren. Sie lassen sich nicht wie beliebige Waren behandeln, ohne in ihrer Substanz und in ihrer Funktion für die Gesellschaft Schaden zu nehmen.

[1] Seitenzahlen beziehen sich auf Karl Polanyi (1995 [1944]), The Great Transformation.

Das wird etwa an der Arbeit deutlich. Sie kann nicht ohne den Menschen existieren. Und somit kann die Arbeit „nicht herumgeschoben, unterschiedslos eingesetzt oder auch nur ungenutzt gelassen werden, ohne damit den einzelnen, den Träger dieser spezifischen Ware, zu beinträchtigen" (S. 108). Es verwundert daher nicht, dass sich die Gesellschaften alsbald zu einer Gegenbewegung und zu marktregulierenden Maßnahmen des Selbstschutzes in Form von Sozialgesetzen gezwungen sahen.

Die sozialwissenschaftliche Forschung hat vielfach Analogien zwischen Polanyis Analyse und der Entwicklung des Gegenwartskapitalismus diagnostiziert. Auch im Übergang vom Wohlfahrtsstaats- zum Finanzmarktkapitalismus wird eine Entbettung kapitalistischer Märkte aus staatlichen Regulierungen beobachtet. Und wieder wirken die destruktiven Kräfte unregulierter Märkte sozial spaltend, sind Tendenzen gesellschaftlicher Zerrüttung offensichtlich und formieren sich postdemokratische Autoritarismen. Der Verweis auf die rechtspopulistischen Bewegungen als Reaktion auf soziale Spaltungen und kulturelle Verunsicherungen mag genügen.

Und jetzt auch noch die Digitalisierung. Sie befördert einen neuen Ökonomisierungs- und Rationalisierungsschub in der Gesellschaft. Dieser Schub treibt einen doppelten Strukturwandel an: die Transformation der Arbeit im Sinne einer umfassenden Restrukturierung von Arbeitsabläufen und Arbeitsorganisation und zugleich die Transformation des Settings sozialer Regulation, also von Schutzrechten, auf dem der erreichte Grad an Dekommodifizierung der Arbeit im Wohlfahrtsstaat beruhte.

Als marktgetriebener Prozess, das lässt sich von Polanyi lernen, dürfte die Digitalisierung die Freisetzung der Arbeit aus den arbeits- und sozialrechtlichen Schutzregeln befördern. Die neoliberale Deregulierungs- und Privatisierungspolitik hat damit ja begonnen. Um den absehbaren Folgeschäden für die Gesellschaft entgegenzuwirken, wäre eine Polanyi'sche Gegenbewegung gefordert. Diese hätte der digitalen Rationalisierung von oben und dem Rückbau des Wohlfahrtsstaates entgegenzutreten, und zwar durch eine arbeitspolitische Humanisierung von unten und den Neuaufbau arbeitsschützender Interventionsrechte.

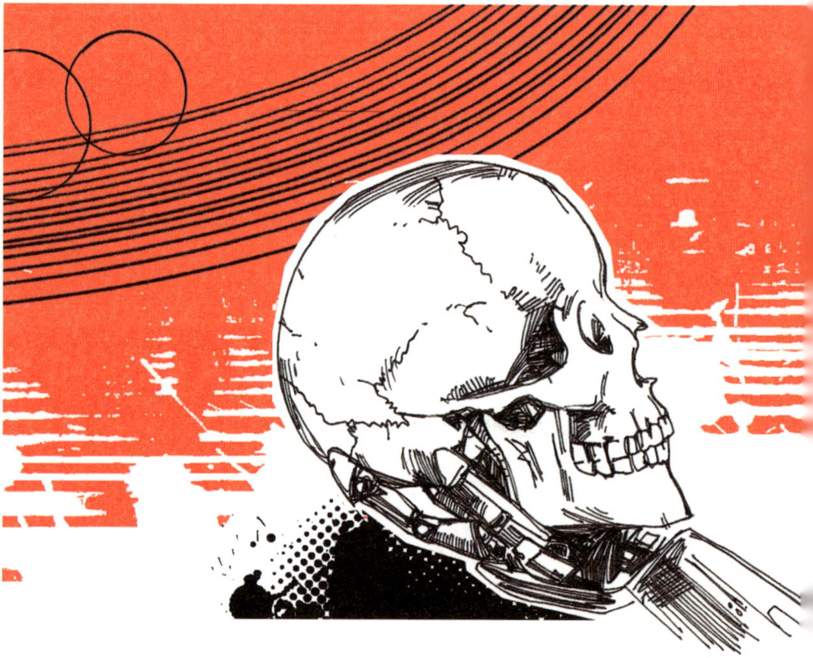

Das ist leichter gesagt als getan. Die Digitalisierung folgt keinem technischen Zwangsgesetz. Über ihre Entwicklung wird in sozialen Konflikten, in Transformationskonflikten, entschieden. Ob sich die digitale Revolution als kapitalorientierte Rationalisierung vollzieht oder ob ihre technischen Potenziale für eine Humanisierung der Arbeit aktiviert werden können, entscheidet sich in solchen Konflikten.

Dabei lassen sich zentrale Konfliktachsen benennen. Etwa der Konflikt um den Sozialstatus der Arbeit. Kann auch die neue Wissensarbeit sozial geschützt werden, oder entsteht ein Heer prekär arbeitender Solo-Selbstständiger?

Nicht minder bedeutsam ist der Konflikt um die Zeit. Können die Möglichkeiten digitaler Kommunikation in mehr Zeitsouveränität für die Beschäftigten überführt werden oder münden sie in entgrenzte Arbeitszeiten und permanente Rufbereitschaft? Und schließlich der

Konflikt um die Qualifizierung. Gelingt die Gestaltung lernförderlicher Arbeitsbedingungen, in denen sich Beschäftigte auch soziale Kompetenzen und die Fähigkeit zu solidarischem Handeln aneignen können, oder verkommt die betriebliche Aus- und Weiterbildung zur Vermittlung funktionaler Fertigkeiten und werden die Menschen zu Humankapital degradiert?

Diese und weitere Konflikte entscheiden über die digitale Zukunft. Gewerkschaften und betriebliche Interessenvertretungen sind gefordert. Sie werden es nicht leicht haben. Die Unternehmen werden darauf drängen, die Digitalisierung zur Steigerung der Produktivität und zur Stabilisierung der betrieblichen Hierarchien zu nutzen. Sie werden auf den Konkurrenzdruck auf nationalen und globalen Märkten verweisen, der sich durch die Digitalisierung verschärft.

Absehbar ist: Soll die humanisierungspolitische Variante der Digitalisierung obsiegen, muss sie mit einer Demokratisierung der Arbeit verbunden werden. Es geht um institutionelle Einflusskanäle, über die betriebliche Interessenvertretungen, Gewerkschaften und andere humanisierungspolitisch Engagierte hinreichende Durchschlagskraft entfalten und die Interessen der Arbeit zur Geltung bringen können.

Fragen dieser Art stellen sich nicht nur den Gewerkschaften. Eine Polanyi'sche Gegenbewegung muss von breiten gesellschaftlichen Allianzen getragen werden. Dazu gehören politische Akteure und die kritische Wissenschaft. Ohne Einflussnahme auf den Lauf der Dinge dürfte eine humane und gesellschaftsverträgliche Digitalisierung im heutigen Kapitalismus eine schöne, aber ferne Vision bleiben. Auch das lässt sich von Polanyi lernen.

IV

Warum Polanyi jetzt?

„The Great Transformation" gilt als eines der wichtigsten Bücher des 20. Jahrhunderts; zumindest seit es die Londoner *Times* in den 1970er-Jahren auf ihre Liste der bedeutendsten Bücher setzte. Das war 33 Jahre nach dessen erstem Erscheinen. Im gleichen Jahr, 1977, erschien erstmals eine deutsche Übersetzung. Hier geben kommentierte Auszüge aus diesem Werk einen Einblick in das Denken Karl Polanyis, das so viel Forschung inspiriert. Ein Weltkarte bietet den Überblick über Polanyi-Institute. Außerdem informieren wir darüber, wie man Mitglied der Wiener Karl Polanyi Society wird.

ES IST ZEIT FÜR VERÄNDERUNG!

Am 8. Mai 2018 wurde in der Arbeiterkammer Wien die International Karl Polanyi Society gegründet. Ihr ambitioniertes Ziel ist es, der Wirtschaft wieder ihren Platz zuzuweisen, was dringend notwendig ist

ANDREAS NOVY UND BRIGITTE AULENBACHER

„Geht's der Wirtschaft gut, geht's uns allen gut." Als Werbetext für Österreichs Unternehmen spiegelt dieser Satz auf plumpe, aber durchaus treffende Weise den aktuellen Zeitgeist wider. Wir leben in einer Welt, in der das ökonomische Kalkül des Optimierens immer mehr Lebensbereiche bestimmt. Trotz immer größeren gesellschaftlichen Reichtums dreht sich alles um die Effizienz und Produktivität als Mittel, ohne Debatte über das Wofür. Nicht nur im Betrieb, auch in Schule, Spital und Kultur muss sich alles „rechnen". Gleichzeitig wird es rapide unsicherer, ob es der Wirtschaft weiter gutgehen wird. Der Wind des globalen Wettbewerbs weht schärfer, die Sorge um den eigenen Arbeitsplatz und die Lebenschancen der Kinder nehmen zu. So wächst das Unbehagen an dieser Form der Wirtschaft in einer neoliberal dominierten Weltwirtschaft. Reichtum und Ungleichheiten wachsen gleichermaßen. Soziale Spaltungen und Polarisierungen sind die Folge. Der Nährboden für „Veränderungen" ist bereitet. Welcher Art diese sind, sein sollen und sein können, ist gesellschaftlich umkämpft.

Der gesellschaftliche Wandel seit Mitte der 1970er-Jahre und vor allem seit den 1990ern, die seither mit Macht durchgesetzte Wirtschaftsliberalisierung, verbunden mit den tiefgreifenden ökologischen Krisen und sich anbahnenden Umbrüchen des Ökosystems, all dies sind Entwicklungen, die gesellschaftlich aufhorchen haben lassen und insbesondere nach der Finanzkrise 2008/09 zu Protesten und Debatten geführt haben. Bewegungen wie Occupy Wall Street, die Indignados in Spanien und viele mehr formulierten laute Kritik an einer Wirtschafts- und Gesellschaftsordnung, die mit desaströsen ökologischen und sozialen Folgen einhergeht.

Aber diese Entwicklung hat vor allem auch reaktionären, rückwärtsgewandten politischen Kräften Aufwind und Gelegenheiten verschafft, ihre Programmatiken umzusetzen: nationale Abschottung angesichts einer aus den Fugen geratenen wirtschaftsliberalen Globalisierung und zugleich eine Wirtschafts- und Sozialstaatsagenda, die vor allem diejenigen bevorzugt, die – Ellenbogen raus – als die Tüchtigen, Stärkeren angesehen werden. Die in ihrer Leistungsfähigkeit Beeinträchtigten oder Menschen, die besondere Verantwortung für Kinder und Ältere und Sorgebedürftige übernehmen, werden zusehends abgekoppelt: Zwölfstundentag statt gebührenfreie Kinderbetreuung, eindeutiger kann die Botschaft kaum sein. Ausgrenzen. Abschotten, auch wenn so Freiheit nur für immer weniger Menschen gesichert werden kann.

In Zeiten der verunsichernden Veränderung bietet das Versprechen „Wir müssen uns nicht ändern" vermeintliche Sicherheit: Angesichts der Herausforderungen, die die weltweiten Migrationsbewegungen stellen und noch stellen werden, ist es attraktiv zu meinen, die reichen Länder kämen ohne Zuwanderung aus oder könnten ihre Grenzen wirksam schließen. Es ist verführerisch zu hoffen, mit E-Autos ließe sich die Klimakrise vermeiden.

Karl Polanyi ist der Theoretiker großer Transformationen. Es ist vermutlich die aktuelle Situation des Umbruchs, der vielfältigen Krisen, in denen sich moderne Gesellschaften befinden, die seine Renaissance befördert hat. So ist das Interesse an ihm mit der Finanzkrise 2008 und den offensichtlichen Ähnlichkeiten zur Weltwirtschaftskrise der 1930er-Jahre sprunghaft gestiegen. Doch es gibt andere Ökonomen, allen voran John Maynard Keynes, die hier ebenfalls hilfreiche Erklärungen anzubieten haben. Aber es gibt nur wenige Theoretiker, die politisch-ökonomische Analysen mit Kulturfragen verbunden haben. Und genau dies ist notwendig, um die aktuellen Bestrebungen zur Neuordnung der Gesellschaft zu verstehen, samt Trump, Brexit und Erdoğan.

Wiewohl Karl Polanyi als Kritiker des „Marktfundamentalismus" bekannt ist, liegt seine Relevanz heute wesentlich in seinem integrierten Erklärungsansatz, der nachträglich wohl am besten als kulturelle politische Ökonomie bezeichnet werden kann. Er verband in den 1930er-Jahren die Analyse des Wirtschaftsliberalismus mit der damaligen Krise der Demokratie und behauptete deren Unvereinbarkeit. Auf heute umgelegt lässt sich an ihn anknüpfen, wenn es um eine kritische Analyse des Zusammenhangs von neoliberaler Globalisierung mit den diversen kulturellen, gesellschaftlichen und politischen Gegenbewegungen geht, die solidarisch, emanzipatorisch oder irrational, rückwärtsgewandt, gar faschistisch sein können.

Wie ist der Rechtspopulismus zu verstehen? Was tun mit globalen Plattformen? Ist Pflege noch national organisierbar und was wären die Folgen von Abschottung? Ist progressive Politik vereinbar mit globalen Finanzmärkten? Welche Regeln, welche Neuordnungen sind notwendig? All dies sind Fragen, die sich viele stellen, Forscherinnen und Forscher an Universitäten, besorgte Menschen, die sich alltäglich über die Zukunft Gedanken machen, politisch und zivilgesellschaftlich Engagierte in Nachbarschaftsvereinen oder NGOs, Mitglieder in Berufsverbänden und viele mehr.

Diese Einzelnen zusammenzubringen ist das Ziel der Internationalen Karl-Polanyi-Gesellschaft (International Karl Polanyi Society – IKPS), die am 8. Mai 2018 in der Arbeiterkammer Wien gegründet wurde. Der übervolle Veranstaltungssaal, die Präsenz internationaler Polanyi-Expertinnen und -Experten und das rege Medienecho zeigen, dass die Proponentinnen und Proponenten des Vereins richtig lagen mit ihrer Annahme, dass er wichtige Beiträge leisten kann, um diese aktuellen Veränderungen zu verstehen, aber auch zu gestalten (siehe Gründungsdeklaration).

Die IKPS ist am Institute for Multi-Level Governance and Development der Wirtschaftsuniversität Wien angesiedelt. Das Institut ist Teil des Departments für Sozioökonomie, das ganz in der Tradition

Polanyis an seinem Leitbild festhält, dass die Sozioökonomie daran erinnert, „dass Wirtschaft in Natur und Gesellschaft eingebettet ist". Doch die IKPS ist keine wissenschaftliche Vereinigung, sondern eine Wissensallianz, mit Mitgliedern aus Wissenschaft, Zivilgesellschaft und Verwaltung, aber auch mit interessierten und engagierten Einzelnen, die überzeugt sind, dass es eine gemeinsame Anstrengung braucht, die anstehenden Veränderungen friedlich und solidarisch zu gestalten und unser Wirtschaften dem Vorsorge- und Resilienzziel unterzuordnen.

Ziel der IKPS als Wissensallianz muss es daher sein, der Wirtschaft wieder ihren Platz zuzuweisen. Öko-Nomie heißt Hauswirtschaften. Polanyi hat Wirtschaften als das Organisieren der Lebensgrundlagen definiert. Demnach ist Wirtschaften mehr als Markt- und Geldwirtschaft. Bestehende Hierarchien von Arten von Wirtschaft müssen hinterfragt werden. So zum Beispiel bezüglich der Leistung, die von Wirtschaftssektoren erbracht wird, die – um Adam Smith zu zitieren – einzig Renten abschöpfen, wo andere gearbeitet haben.

Maria Mazzucato spricht hierbei von „extraktiven" Sektoren, wie insbesondere im Finanz- und teilweise auch im Immobilienbereich. Umgekehrt kann mit Polanyi Unsichtbares sichtbar gemacht werden. So betont die feministische Ökonomie, dass Hausarbeit und Pflegen zentrale wirtschaftliche Aktivitäten sind. Aber auch Nachbarschaftshilfe und Freundschaftsdienste, das öffentliche Umlageverfahren der Altersvorsorge, all dies ist Ökonomie, auch wenn es nicht Teil der kapitalistischen Marktwirtschaft ist. Wirtschaft sollte der Gesellschaft dienen und nicht umgekehrt. Mehr noch, sie sollte im wahrsten Sinne des Wortes lebensdienlich sein, sozial wie ökologisch.

Der Wirtschaft ihren Platz zuzuweisen ist daher auch das ethische Leitprinzip, wenn aktuelle ökologische Veränderungen zu diskutieren sind. So hängt die Klimakrise eng mit dem hochproduktiven fossilen Kapitalismus zusammen, dessen Wachstumslogik Wohlstand gebracht und gleichzeitig planetarische Lebensgrundlagen ausgehöhlt hat. Nicht wenige spüren, dass das Wirtschaftsmodell, das auf fossilen Energieträgern basiert, erschöpft ist und große Veränderungen anstehen. Dieser Übergang zu einer anderen Art des Wirtschaftens stellt eine große Herausforderung dar, wenn der sorgsame Umgang mit Mensch und Natur ins Zentrum gestellt und nicht im bisherigen Fortschrittsdenken die Lösung gesucht wird.

Der Wirtschaft ihren Platz zuweisen, damit werden gesellschaftliche Wertungen neu gesetzt: Die destruktive Hierarchie, die Hedgefonds-Manager zu Leistungsträgern, Elementarpädagoginnen hingegen zur Belastung öffentlicher Haushalte macht, wird wieder auf die Füße gestellt, wenn der Beitrag zu den Lebensgrundlagen als Gradmesser von Wirtschaftlichkeit gilt.

WARUM POLANYI HEUTE IN WIEN?

Warum die Internationale Karl-Polanyi-Gesellschaft gerade jetzt und gerade in dieser Stadt gegründet wurde

MARKUS MARTERBAUER, ANDREAS NOVY

Karl Polanyi und Wien – eine vielfältige Beziehung: 1886 in Wien geboren, verbrachte Polanyi hier zwischen 1919 und 1933 prägende und glückliche Jahre. Das Wien der Zwischenkriegszeit war zwar von einer Weltstadt und Metropole eines Kaiserreichs zur Hauptstadt eines kleinen Staates geschrumpft, an dessen Lebensfähigkeit viele Zweifel bestanden. Doch Wien war weiterhin eine pulsierende Stadt der intellektuellen Debatten und eine Stadt, in der die österreichische Sozialdemokratie ambitionierte und weitreichende sozialpolitische Reformen umsetzte, die auch die Grundlagen für den Wohlfahrtsstaat der Nachkriegszeit legten.

Die Beziehung zwischen Polanyi und Wien ist auch heute noch lebendig: Das Leitbild des Departments für Sozioökonomie der Wirtschaftsuniversität Wien erinnert mit Bezug auf Polanyi daran, dass „Wirtschaft in Gesellschaft und Natur eingebettet ist". Wirtschaft ist demnach nicht nur Marktwirtschaft. Neben dem Tauschen auf Märkten identifizierte Polanyi auch Reziprozität (gegenseitige Hilfe, Nachbarschaftlichkeit und Unterstützung), Umverteilung (von den Bessergestellten und den Berufstätigen zu den Kindern, Kranken und Alten) und Haushalte (Subsistenzwirtschaft und nicht-monetäre Bereiche des Wirtschaftens und Sorgens wie von der feministischen Ökonomie herausgearbeitet) als prägende wirtschaftliche Institutionen; er setzte sich aber auch mit Unternehmen und Verwaltung auseinander, die von Befehlsstrukturen gekennzeichnet sind.

Den Großteil seines Lebens war Polanyi kein Berufswissenschaftler, vielmehr verdiente er von 1924 bis 1933 seinen Lebensunterhalt als

Redakteur des *Österreichischen Volkswirts*, der führenden Wirtschafts- und Finanzzeitung Mitteleuropas. Er widmete viel Zeit der Vortragstätigkeit an den Volkshochschulen und der Erwachsenenbildung. Dabei entwickelte er die Fähigkeit, komplexe politische und ökonomische Entwicklungen verständlich zu beschreiben und, auf Basis seines umfassenden theoretischen Wissens, vielfältige Zusammenhänge herzustellen. Die Regierungs- und Währungskrisen, Streikbewegungen und sozialen Auseinandersetzungen der 1920er-Jahre waren für ihn Ausdruck der tieferliegenden Spannungen zwischen den an der Wettbewerbsfähigkeit auf den Weltmärkten ausgerichteten Unternehmensstrategien und den Interessen der Bevölkerung, die den Unwägbarkeiten des Weltmarkts nicht schutzlos ausgeliefert sein wollte. Die 1930er-Jahre standen exemplarisch für die Unversöhnlichkeit von Kapitalismus und Demokratie. Nach dem Zweiten Weltkrieg bemühte man sich, die Lehren aus der Tragödie des Faschismus zu ziehen und den inhärenten Gegensatz zwischen Kapitalismus und Demokratie konstruktiv zu bearbeiten; in Österreich durch die Etablierung der Sozialpartnerschaft und des Sozialstaats.

Mit der Niederlage des Faschismus, der – vorübergehenden – Zurückdrängung des Marktfundamentalismus und dem Übergang zu gemischten Wirtschafts- und umfassenden Sozialstaatssystemen geriet Polanyi in der Nachkriegszeit in Vergessenheit. Das Interesse an seinem Werk kehrte erst zurück, als der Wohlfahrtsstaatskapitalismus, der jahrzehntelang sozialen Ausgleich geschaffen hatte, in den 1970er-Jahren in die Krise geriet. Wirtschaft und Gesellschaft sind besonders nach der Finanzkrise 2008, angesichts der die Lebensgrundlagen des Planeten gefährdenden Klimakrise, der zunehmenden Konzentration von Einkommen, Vermögen und Lebenschancen sowie der Vermarktlichung aller Lebensbereiche erneut mit grundlegenden Veränderungen konfrontiert.

Nichts ist heute dringlicher als eine öffentliche Debatte über zeitgemäße Antworten auf diese Herausforderungen. Österreichs Sozialpartnerschaft galt jahrzehntelang als internationales Vorbild, dem es gelang, die bestehenden Klassengegensätze im Konsens zu bearbeiten. Der wirtschaftliche Erfolg und der hochentwickelte Sozialstaat, die relativ günstige Arbeitsmarktentwicklung und die hohen arbeitsrechtlichen Standards können dafür als Beleg gelten. Sie waren auch auf Basis der Stärke von Gewerkschaften und Arbeiterkammer möglich. Die Gründung der Internationalen Karl-Polanyi-Gesellschaft fand ganz bewusst in der Arbeiterkammer Wien statt, weil hier an die besten intellektuellen Traditionen des Landes angeschlossen werden kann und Orte des Gesprächs und der öffentlichen Debatte geboten werden, die unabdingbar für die Entwicklung von Neuem und der kritischen Begleitung aktueller Lösungsstrategien sind.

Das Nachdenken über Innovationen muss neue, plurale Formen des Wirtschaftens betreffen; etwa im Bereich der Commons (selbstorganisierte und bedürfnisorientierte Produktion von Ressourcen), der neuen Genossenschaftsbewegung oder der betrieblichen Mitbestimmung. Sie muss aber auch neue Formen von Demokratie und Mitgestaltung (im politischen Feld, in der Nachbarschaft und im Alltag) erfassen. Die Kooperation zwischen Universitäten und Interessenvertretungen wie der Arbeiterkammer ist dabei unverzichtbar.

Ziel der Internationalen Karl-Polanyi-Gesellschaft mit Sitz in Wien ist es, an die lebendigen intellektuellen Diskussionen und praktischen Experimente der 1920er-Jahre anzuschließen. Damals wurden vielfältige pragmatische, aber weitreichende Reformen im Wohnbau, Schulwesen, der Sozialhilfe und Jugendfürsorge oder der Erwachsenenbildung umgesetzt. Gleichzeitig fanden vor allem außerhalb der Universitäten große Debatten über die grundlegenden Fragen der Wirtschaftsordnung statt. In seinem Privatseminar legte Ludwig von Mises die Grundlagen einer neoliberalen Weltsicht, in der eine Marktwirtschaft als die einzig mögliche Alternative zu zentralen Planwirtschaften dargestellt wurde.

Demgegenüber plädierte Karl Polanyi für eine demokratische Wirtschaftsordnung. Er versuchte, diese von irreführenden Vereinfachungen abzugrenzen, wie jener von „zentraler Planung versus freier Marktwirtschaft" oder jener von „privat versus Staat". Seine Ideen gingen in Richtung einer auf Verhandlung und Expertise basierenden pluralistischen Wirtschaftsordnung, die den Markt als eine von mehreren Institutionen einhegte und für demokratische Experimente offen sein sollte. Er versuchte, individuelle Freiheit und komplexe gesellschaftliche Arbeitsteilung vereinbar zu halten. An der Entwicklung von glaubwürdigen und machbaren Alternative zu reaktionären und autoritären Gesellschaftsmodellen besteht heute erneut größter Bedarf.

SCHLAG NACH BEI POLANYI

BRIGITTE AULENBACHER, FABIENNE DÉCIEUX, CHRISTIAN LEITNER

Im Jahr 1944 erschien Karl Polanyis Hauptwerk „The Great Transformation. Politische und ökonomische Ursprünge von Gesellschaften und Wirtschaftssystemen“ auf Englisch. Es wurde 1978 erstmalig ins Deutsche übersetzt. Verlegt bei Suhrkamp in Frankfurt am Main ist es seither in zweistelliger ständiger Neuauflage auch im hiesigen Raum zum Klassiker geworden und hat viele Diskussionen angeregt und beeinflusst.

Karl Polanyi schrieb sein Buch unter dem Eindruck der Wirtschaftsliberalisierung nach dem Ersten Weltkrieg, die in den Börsenkrach 1929, die Große Depression und den Zweiten Weltkrieg mündete. Die Große Transformation, das meint das Scheitern des Marktfundamentalismus jener Zeit und die sozialistischen und faschistischen Versuche, die Gesellschaft neu zu ordnen, aber auch den New Deal. Sein Buch handelt aber nicht nur von jener Epoche. Es ist eine umfangreiche Wirtschafts- und Kulturgeschichte des Kapitalismus.

Karl Polanyi zeigt, wie mit der Etablierung des industriellen Kapitalismus erstmalig das „liberale Kredo“, die „Utopie“ des „selbstregulierenden Marktes“, greifen konnte. Geschrieben ist seine Geschichte des Kapitalismus als Geschichte einer „Doppelbewegung“: der „Bewegung“, mit der die Gesellschaft den Marktkräften unterworfen und letztlich zu einer „Marktgesellschaft“ wird, und der „Gegenbewegungen“, mit denen Menschen Schutz davor suchten.

Vieles scheint auf die aktuelle Situation anwendbar. So haben die ökonomische Entwicklung vor allem ab den 1990er-Jahren mit ihren expandierenden, kaum mehr zu kontrollierenden, auf die ganze Gesellschaft übergreifenden Finanzmärkten und die Finanzkrise 2008/09 zahlreiche Proteste ausgelöst. Daher wollen wir unter dem Motto „Schlag nach bei Polanyi“ dazu einladen, sich mit seinen

Gedanken zu befassen und sich von ihnen anregen zu lassen, um den Kapitalismus zu seiner und unserer Zeit zu verstehen.

Die Durchsetzung der liberalen Idee des selbstregulierenden Marktes und ihre Folgen bündelt Karl Polanyi so:

» Wir vertreten die These, daß die Idee eines selbstregulierenden Marktes eine krasse Utopie bedeutete. Eine solche Institution konnte über längere Zeiträume nicht bestehen, ohne die menschliche und natürliche Substanz der Gesellschaft zu vernichten; sie hätte den Menschen physisch zerstört und seine Umwelt in eine Wildnis verwandelt. Die Gesellschaft ergriff zwangsläufig Maßnahmen zum eigenen Schutz, aber alle diese Maßnahmen beeinträchtigen die selbstregulierende Funktion des Marktes, führten zu einer Desorganisation der industriellen Entwicklung und gefährdeten damit die Gesellschaft auch in anderer Weise. Dieses Dilemma zwang die Entwicklung des Marktsystems in eine bestimmte Richtung und zerrüttete schließlich die darauf beruhende Gesellschaftsstruktur. (S. 18–19) «

Dass der Markt diesen Stellenwert erlangt hat, ist jedoch nicht selbsterklärend. Es gibt nach Karl Polanyi mehrere Prinzipien des Wirtschaftens in vormodernen Gesellschaften, z.B. Reziprozität (Gegenseitigkeit), Redistribution (Umverteilung), Haushaltung, die in die Gesellschaft eingebettet sind. Das heißt: Sie folgen gesellschaftlichen Belangen und Erfordernissen. Mit dem Markt und, genauer noch, der Art und Weise seiner Entwicklung im Zuge der Herausbildung des Kapitalismus hat es jedoch eine besondere Bewandtnis:

» Die Marktform hingegen, die mit einer eigenen spezifischen Zielsetzung verbunden ist, nämlich Austausch, Tauschhandel, ist imstande, eine spezifische Institution hervorzubringen: den Markt. Dies ist letztlich der Grund, warum die Beherrschung des Wirtschaftssystems durch den Markt von ungeheurer Bedeutung für die Gesamtstruktur der Gesellschaft ist: sie bedeutet nicht weniger als die Behandlung der Gesellschaft als Anhängsel des Marktes. Die Wirtschaft ist nicht mehr in die sozialen Beziehungen eingebettet,

sondern die sozialen Beziehungen sind in das Wirtschaftssystem eingebettet. Die entscheidende Bedeutung des wirtschaftlichen Faktors für die Existenz der Gesellschaft schließt jedes andere Ergebnis aus. Sobald das wirtschaftliche System in separate Institutionen gegliedert ist, die auf spezifischen Zielsetzungen beruhen und einen besonderen Status verleihen, muß auch die Gesellschaft so gestaltet werden, daß das System im Einklang mit seinen eigenen Gesetzen funktionieren kann. Dies ist die eigentliche Bedeutung der bekannten Behauptung, eine Marktwirtschaft könne nur in einer Marktgesellschaft funktionieren. (S. 88–89) “

Märkte gab es schon in vorindustriellen und vorkapitalistischen Gesellschaften, aber:

„ Regelung und Märkte entwickelten sich in der Praxis gemeinsam. Der selbstregulierende Markt war unbekannt, ja, schon die Idee eines selbstregulierenden Marktes bedeutete eine völlige Umkehrung des Entwicklungstrends. Die ungewöhnlichen Voraussetzungen, die einer Marktwirtschaft zugrunde liegen, können nur im Licht dieser Tatsache völlig verstanden werden. (S. 102)

Selbstregulierung bedeutet, daß die gesamte Produktion auf dem Markt zum Verkauf steht und daß alle Einkommen aus diesen Verkäufen entstehen. Dementsprechend gibt es Märkte für alle Wirtschaftsfaktoren, nicht nur für Güter (immer mit Einschluß der Dienstleistungen), sondern auch für Arbeit, Boden und Geld, deren Preise jeweils Warenpreise, Löhne, Bodenrente und Zins genannt werden. Diese Begriffe weisen bereits darauf hin, daß Preise die Einkommen bilden: der Zins ist der Preis für die Geldnutzung und bildet das Einkommen jener, die in der Lage sind, Geld zur Verfügung zu stellen; die Bodenrente ist der Preis für die Landnutzung und bildet das Einkommen jener, die sie anbieten; der Warenpreis schließlich trägt zum Einkommen jener bei, die ihre unternehmerischen Fähigkeiten anbieten, das als Profit bezeichnete Einkommen entsteht in Wirklichkeit aus der Differenz zwischen zwei Arten von Preisen, dem Preis der produzierten Güter und deren Kosten, das heißt dem Preis der Waren, die für ihre Erzeugung erforderlich sind. Wenn diese

Voraussetzungen erfüllt sind, dann werden alle Einkommen aus Verkäufen auf dem Markt entstehen, und die Einkommen werden gerade ausreichen, alle produzierten Waren zu verkaufen. (S. 103) «

Was aber passiert nach Karl Polanyi, wenn der Marktmechanismus zum zentralen Regulativ wird, mit der Gesellschaft?

» Eine solche institutionelle Schablone konnte nicht funktionieren, außer, die Gesellschaft wurde ihren Erfordernissen irgendwie untergeordnet. Eine Marktwirtschaft kann nur in einer Marktgesellschaft existieren. Wir gelangten in unserer Analyse des Marktgeschehens zu dieser Schlußfolgerung. Wir können nun die Gründe für diese Behauptung im einzelnen darlegen. Eine Marktwirtschaft muß alle Elemente wirtschaftlicher Tätigkeit einschließlich Arbeit, Boden und Geld umfassen. (In einer Marktwirtschaft ist das letztere auch ein wesentliches Element des industriellen Lebens, und seine Einbeziehung in den Marktmechanismus hat, wie wir sehen werden, weitreichende institutionelle Folgen.) Indessen bedeuten Arbeitskraft und Boden nichts anderes, als die Menschen selber, aus denen jede Gesellschaft besteht, und die natürliche Umgebung, in der sie existiert. Sie in den Marktmechanismus einzubeziehen, das heißt die Gesellschaftssubstanz schlechthin den Gesetzen des Marktes unterzuordnen. (S. 106) «

Worin sieht Karl Polanyi ein Problem, wenn Land, Arbeit und Geld, die nie für den Verkauf hergestellt und bestimmt waren, vermarktet werden?

» Der entscheidende Punkt ist aber dies: Arbeit, Boden und Geld sind wesentliche Elemente der gewerblichen Wirtschaft, sie müssen ebenfalls in Märkten zusammengefaßt sein, und diese Märkte bilden sogar einen unerläßlichen Teil des Wirtschaftssystems. Indessen sind Arbeit, Boden und Geld ganz offensichtlich keine Waren: die Behauptung, daß alles, was gekauft und verkauft wird, zum Zwecke des Verkaufes produziert werden mußte, ist in bezug auf diese Faktoren eindeutig falsch. Mit anderen Worten, nach der empirischen Definition der Ware handelt es sich nicht um Waren. Arbeit ist bloß eine andere Bezeichnung für eine menschliche Tätigkeit, die zum Leben an sich gehört, das seinerseits nicht zum Zwecke des Verkaufs, sondern zu gänzlich anderen Zwecken hervorgebracht wird; auch kann diese Tätigkeit nicht vom restlichen Leben abgetrennt, aufbewahrt oder flüssig gemacht werden. Boden wiederum ist nur eine andere Bezeichnung für Natur, die nicht vom Menschen produziert wird; und das eigentliche Geld, schließlich, ist nur ein Symbol für Kaufkraft, das in der Regel überhaupt nicht produziert, sondern durch den Mechanismus des Bankenwesens oder der Staatsfinanzen in die Welt gesetzt wird. Keiner dieser Faktoren wird produziert, um verkauft zu werden. Die Bezeichnung von Arbeit, Boden und Geld als Waren ist somit völlig fiktiv. (S. 107–108) ‹‹

Nicht der Tausch per se ist das Problem, sondern der Tausch nach Maßgabe des selbstregulierenden Marktes ist nach Karl Polanyi zerstörerisch:

›› Wenn man den Marktmechanismus als ausschließlichen Lenker des Schicksals der Menschen und ihrer natürlichen Umwelt, oder auch nur des Umfangs und der Anwendung der Kaufkraft, zuließe, dann würde das zur Zerstörung der Gesellschaft führen. (...) Menschen, die man auf diese Weise des Schutzmantels der kulturspezifischen Institutionen beraubte, würden an den Folgen gesellschaftlichen Ausgesetztseins zugrunde gehen; sie würden als die Opfer akuter gesellschaftlicher Zersetzung durch Laster, Perversion, Verbrechen und Hunger sterben. Die Natur würde auf ihre Elemente reduziert werden, die Nachbarschaften und Landschaften verschmutzt, die Flüsse vergiftet, die militärische Sicherheit gefährdet und die Fähigkeit zur Produktion von Nahrungsmitteln und Rohstoffen zerstört werden. (...) Aber keine Gesellschaft könnte die Auswirkungen eines derartigen Systems grober Fiktionen auch nur kurze Zeit ertragen, wenn ihre menschliche und natürliche Substanz sowie ihre Wirtschaftsstruktur gegen das Wüten des teuflischen Mechanismus nicht geschützt würden. (S. 108–109) ‹‹

Im Rahmen einer solchen Marktwirtschaft und Marktgesellschaft kann das Problem auch nicht gelöst werden:

„Das extrem Künstliche der Marktwirtschaft wurzelt in der Tatsache, daß darin der Produktionsprozeß selbst in Form von Kauf und Verkauf organisiert ist. In einer kommerziell ausgerichteten Gesellschaft ist eine andere Organisation der Produktion nicht möglich. (S. 109)“

Die Geschichte des Kapitalismus ist aber nicht nur eine Geschichte expandierender Märkte, sondern auch eine Geschichte der Menschen, die versuchen, sich vor dem Ausgreifen des Marktes auf Land, Arbeit und Geld zu schützen:

„Die Gesellschaftsgeschichte des 19. Jahrhunderts war somit das Ergebnis einer Doppelbewegung. Während sich die Marktorganisation in bezug auf echte Waren ausweitete, wurde sie in bezug auf die fiktiven Waren eingeschränkt. Während sich einerseits die Märkte über den ganzen Erdball ausbreiteten und das Volumen der dabei umgesetzten Güter unglaubliche Ausmaße erreichte, wurde andererseits ein ganzes Geflecht von Maßnahmen und Verordnungen in mächtigen Institutionen zu dem Zweck zusammengefaßt, den Marktmechanismus in bezug auf Arbeit, Boden und Geld einzuschränken. (S. 112)

Die menschliche Gesellschaft wäre tatsächlich vernichtet worden, hätte es keine schützenden Gegenströmungen gegeben, die das Wirken des selbstzerstörerischen Mechanismus dämpfen. Die Gesellschaftsgeschichte des 19. Jahrhunderts war somit das Ergebnis einer Doppelbewegung. (...) Die Gesellschaft schützte sich selbst gegen die einem selbstregulierenden Marktsystem innewohnenden Gefahren – dies war das bedeutsamste Merkmal der Geschichte des Zeitalters. (S. 112)“

Was versteht Karl Polanyi unter der „Doppelbewegung“?

„Wir wollen uns wiederum dem zuwenden, was wir die Doppelbewegung genannt haben. Sie kann dargestellt werden als das Wirken zweier Organisationsprinzipien innerhalb der Gesellschaft, von denen jedes sich selbst bestimmte institutionelle Ziele setzt, von bestimmten gesellschaftlichen Kräften unterstützt wird und seine eigenen, besonderen Methoden anwendet. Das eine war das Prinzip des Wirtschaftsliberalismus, das auf die Schaffung eines selbstregulierten Marktes abzielte, auf die Unterstützung durch die gewerbetreibenden Schichten zählte und als Methode weitgehend Laissez-faire und den Freihandel benützte; das andere war das Prinzip des Schutzes der Gesellschaft, das auf die Erhaltung des Menschen und der Natur sowie der Produktivkräfte abzielte, auf die wechselnde Unterstützung jener zählte, die von der verderblichen Wirkung des Marktes als erste betroffen wurden – vor allem, aber nicht nur, der arbeitenden und der bodenbesitzenden Klassen –, und Schutzgesetze, Schutzvereinigungen und andere Interventionsmittel als Methoden benützte. (S. 185)

Unsere Interpretation der Doppelbewegung wird, so meinen wir, von den Beweisen erhärtet. Denn wenn die Marktwirtschaft eine Bedrohung der menschlichen und natürlichen Komponenten der Gesellschaftssubstanz darstellte, wie wir behaupteten, was wäre dann anders zu erwarten, als daß eine große Anzahl von Menschen das Bedürfnis nach einer Art Schutz hätte? Und dies haben wir ja festgestellt. Ferner war zu erwarten, daß dies ohne jegliche theoretische oder intellektuelle Voreingenommenheiten ihrerseits und unabhängig von ihren Einstellungen gegenüber den einer Marktwirtschaft zugrundeliegenden Prinzipien vonstatten gehen würde. (S. 207–208) “

Für Karl Polanyi handelt es sich nur bedingt um Gegenbewegungen, die mit Klassenpolitik im Kapitalismus verbunden sind; die zentrale Erfahrung ist diejenige des Lebens in einer Marktgesellschaft:

„ In Wirklichkeit liefert das Klasseninteresse bloß eine begrenzte Erklärung für langfristige gesellschaftliche Entwicklungen. Viel häufiger wird das Schicksal einer Klasse von den Erfordernissen der Gesellschaft bestimmt als das Schicksal der Gesellschaft von den Erfordernissen von Klassen. Bei einer gegebenen Gesellschaftsstruktur ist die Klassentheorie zutreffend; was aber, wenn sich diese Struktur ändert? (S. 210)

Die Ausbreitung des Marktes wurde somit durch das Wirken von Klassenkräften sowohl gefördert als auch behindert. Angesichts der Notwendigkeit der maschinellen Produktion für die Errichtung eines Marktsystems waren die gewerbetreibenden Klassen in dieser frühen Phase der Transformation die einzigen, die die Führung übernehmen konnten. Aus den Resten älterer Klassen entstand eine neue Klasse von Unternehmern, um sich an die Spitze einer Entwicklung zu stellen, die den Interessen der Gesamtgesellschaft entsprach. Wenn aber der Aufstieg der Industriellen, Unternehmer und Kapitalisten die Folge ihrer führenden Rolle in dieser Expansionsbewegung war, dann fiel die Abwehr den traditionellen landbesitzenden Klassen und der eben entstehenden Arbeiterklasse zu. (S. 214) “

Die „fiktiven Waren“ Land, Arbeit, Geld, das Aufkommen von Gegenbewegungen und der Faschismus zu Karl Polanyis Zeiten:

” Was wir als Grund und Boden bezeichnen, ist ein mit den Lebensumständen des Menschen untrennbar verwobenes Stück Natur. Dieses Stück Natur herauszunehmen und einen Markt daraus zu machen war das vielleicht absurdeste Unterfangen unserer Vorfahren. Traditionsgemäß waren Boden und Arbeit nicht getrennt; die Arbeit ist Teil des Lebens, Boden bleibt ein Teil der Natur, Leben und Natur bilden ein zusammenhängendes Ganzes. Grund und Boden sind somit verbunden mit Verwandtschaft, Nachbarschaft, Handwerk und Glauben, mit Stamm und Tempel, Dorf, Gilde und Kirche. (S. 243)

Die im Bereich der Geldtheorie herrschende Verwirrung war zum größten Teil der Trennung von Politik und Volkswirtschaft zuzuschreiben, diesem Hauptmerkmal der Marktwirtschaft. Über ein Jahrhundert lang wurde Geld als eine rein ökonomische Kategorie betrachtet, als eine Ware zum Zweck des indirekten Austausches. (S. 265)

Der Wirtschaftsliberalismus hatte hundert Jahre zuvor begonnen und war von einer protektionistischen Gegenbewegung gekontert worden, die nun in die letzte Bastion der Marktwirtschaft einbrach.

Ein neuer Komplex vorherrschender Ideen verdrängte die Welt des selbstregulierenden Marktes. Zur Bestürzung der großen Mehrheit der Zeitgenossen brachen unerwartete Kräfte des charismatischen Führertums und des autarken Isolationismus hervor und zwangen den Gesellschaften neue Formen auf. (S. 270)

Der faschistische Ausweg aus der Sackgasse, in die der liberale Kapitalismus geraten war, könnte man als eine Reform der Marktwirtschaft bezeichnen, erreicht um den Preis der Auslöschung aller demokratischen Institutionen sowohl im wirtschaftlichen als auch im politischen Bereich. Das ökonomische System, das vor dem Zusammenbruch stand, konnte damit wiederbelebt werden, während die Bevölkerung selber einer Umerziehung unterworfen wurde, die den einzelnen seines Wesens berauben und ihn außerstande setzen sollte, als verantwortungsvolles Mitglied der politischen Gemeinschaft zu wirken. Diese Umerziehung, Lehrsätze einer politischen Religion enthaltend, die ihrerseits die Idee der Brüderlichkeit aller Menschen in jeglicher Form verneinte, wurde durch einen Akt der Massenbekehrung erreicht und Widerspenstigen mit Hilfe wissenschaftlicher Foltermethoden aufgezwungen. (S. 314) ‹‹

Faschismus und Sozialismus sind nach Karl Polanyi Gegenbewegungen der Gesellschaft, mit denen sie Schutz vor dem Marktfundamentalismus sucht:

›› Der Faschismus war ebenso wie der Sozialismus in einer Marktgesellschaft verwurzelt, die nicht funktionieren wollte. Er war daher weltumspannend, allumfassend und universal in der Anwendungsmöglichkeit; die Probleme wirkten über den ökonomischen Bereich hinaus und bewirkten eine allgemeine Umwälzung deutlich sozialer Art. Er griff in praktisch alle Bereiche menschlichen Tuns ein, sei es Politik und Wirtschaft, Kultur und Philosophie, Kunst und Religion. Bis zu einem bestimmten Ausmaß verband er sich mit lokalen und aktuellen Tendenzen. Wir können die Geschichte dieser Periode nicht verstehen, wenn wir nicht zwischen der faschistischen Grundströmung und jenen kurzlebigen Tendenzen unterschieden, mit denen sich diese Strömung in einigen Ländern verband. (S. 317–318) ‹‹

Karl Polanyis Bilanz in Sachen Marktgesellschaft und mit Blick in die Zukunft, nachdem er das liberale Experiment des „selbstregulierenden Marktes“ als gescheitert betrachtete:

❞ Die eigentliche Kritik an der Marktgesellschaft besteht nicht darin, daß sie auf ökonomischen Prinzipien beruhte – in gewissem Sinn muß jegliche Gesellschaft darauf beruhen –, sondern daß ihre Wirtschaft auf dem Eigeninteresse beruhte. Eine solche Organisation des Wirtschaftslebens ist völlig unnatürlich und im rein empirischen Sinn außergewöhnlich. Die Denker des 19. Jahrhunderts meinten, daß es dem Menschen bei seiner wirtschaftlichen Tätigkeit um den Profit gehe, daß ihn seine materialistischen Neigungen dazu veranlassen würden, die geringere der größeren Anstrengung vorzuziehen und für seine Arbeit Bezahlung zu erwarten; oder, kurz gesagt, daß er sich in seiner wirtschaftlichen Tätigkeit an das halten würde, was sie als wirtschaftliche Vernunft bezeichneten, und daß jegliches gegenteilige Verhalten die Folge äußerer Eingriffe sei. Daraus folgte, daß Märkte natürliche Institutionen seien und daß sie von selbst entstehen würden, wenn man die Menschen nicht behelligte. Somit könnte nichts selbstverständlicher sein als ein aus Märkten zusammengesetztes und ausschließlich durch Marktpreise gesteuertes Wirtschaftssystem; und eine auf solche Märkte gestützte Gesellschaft erschien somit als Ziel jeglichen Fortschritts. Ob sie nun ethisch wünschenswert war oder nicht, die Möglichkeit, eine solche Gesellschaft zu errichten – und dies wurde als axiomatisch angesehen –, beruhte auf den unwandelbaren Merkmalen der menschlichen Natur. (S. 329–330)

In der Praxis läßt die Auflösung der einheitlichen Marktwirtschaft bereits verschiedenartige neue Gesellschaftsformen entstehen. Auch bedeutet das Ende der Marktgesellschaft keineswegs, daß es keine Märkte geben wird. Sie bestehen auf verschiedene Weise weiter, um die Freiheit des Konsumenten zu gewährleisten, die Nachfrageveränderungen aufzuzeigen, die Produzenteneinkommen zu beeinflussen und um als Instrument der volkswirtschaftlichen Rechnungsführung zu dienen, aber sie sind nicht mehr ein Organ der wirtschaftlichen Selbstregulierung. (S. 333) ❝

Wenn die Marktgesellschaft überwunden ist, kann es dann im Rahmen der industriellen Zivilisation Gerechtigkeit und Freiheit geben?

» An der Wurzel dieses Dilemmas steckt jedoch der Freiheitsbegriff selbst. Die liberale Wirtschaft lenkte unsere Ideale in eine falsche Richtung. Sie schien der Verwirklichung von eigentlichen utopischen Erwartungen am nächsten zu kommen. Es kann weder eine Gesellschaft geben, in der Macht und Zwang fehlen, noch eine Welt, in der die Gewalt keine Funktion hat. Der Glaube an die Möglichkeit einer allein vom Wunsch und Willen des Menschen geformten Gesellschaft war eine Illusion. Dennoch war dies das Ergebnis einer marktmäßigen Vorstellung von der Gesellschaft, die Volkswirtschaft mit Vertragsbeziehungen gleichsetzte und Vertragsbeziehungen mit Freiheit. Man pflegte die radikale Illusion, daß es in der menschlichen Gesellschaft nichts gebe, das nicht vom Willen der einzelnen abzuleiten wäre und daher nicht wieder durch ihren Willen abgeschafft werden könnte. (S. 340–341)

Das Ende der Marktwirtschaft könnte den Anfang einer Ära nie dagewesener Freiheit bedeuten. Rechtliche und praktische Freiheiten könnten größer und allgemeiner werden als je zuvor; Regelungen und Kontrolle könnten Freiheit nicht nur für die wenigen, sondern für alle verwirklichen; Freiheit nicht nur als ein schon vom Ansatz her pervertiertes Recht der Privilegierten, sondern als ein verbrieftes Recht, das weit über die engen Grenzen des politischen Bereichs in die innere Struktur der Gesellschaft schlechthin reicht. So wurden alte Freiheiten und Bürgerrechte dem Fundus der neuen Freiheit hinzugefügt, der durch die Muße und die Sicherheit geschaffen wird, die eine Industriegesellschaft allen zu bieten vermag. Eine solche Gesellschaft kann es sich leisten, gleichermaßen gerecht und frei zu sein. (S. 339) «

2019 werden 75 Jahre vergangen sein, seit Karl Polanyi seine Diagnose einer Großen Transformation verfasst hat. Wir sind uns sicher, dass dies weltweit ein Anlass sein wird, sich wieder und weiter mit seinem Werk zu befassen. Auch wenn wir manches heute so nicht mehr sagen und schreiben würden, eines ist aber klar: Bei Polanyi nachzuschlagen lohnt nach wie vor, um Gesellschaft zu verstehen.

Karl Polanyi (1995 [1944]): The Great Transformation. Politische und ökonomische Ursprünge von Gesellschaft und Wirtschaftssystemen. Frankfurt am Main: Suhrkamp

Die Seitenzahlen beziehen sich auf die Ausgabe: Karl Polanyi (2015): The Great Transformation. Politische und ökonomische Ursprünge von Gesellschaften und Wirtschaftssystemen. Frankfurt am Main: Suhrkamp.

POLANYI-FORSCHUNG INTERNATIONAL

Vier Städte, drei Kontinente, vier dem Werk und der Wirkung Karl Polanyis gewidmete Institutionen

MONTREAL

Das Karl Polanyi gewidmete gleichnamige Institut für politische Ökonomie wurde 1988 an der Concordia University Montreal gegründet. Seine Aufgabe ist, Polanyis geistiges Erbe zu bewahren und zu politischen Debatten über alternative und innovative Entwicklungsstrategien sowohl lokal als auch international beizutragen. Direktorin ist Marguerite Mendell, Ehrenpräsidentin Kari Polanyi-Levitt; im Verwaltungsausschuss sitzen mit Michele Cangiani, Gareth Dale und Claus Thomasberger außerdem drei Autoren dieser Beilage.

An der Concordia University befindet sich auch das Karl-Polanyi-Archiv am Karl-Polanyi-Institut für politische Ökonomie. Es öffnet nach und nach den Zugang und hat im Laufe der Jahre Gelehrte, Forscher und Studenten aus der ganzen Welt willkommen geheißen.

Das intellektuelle Erbe von Karl Polanyi ist eine reichhaltige und umfangreiche Archivsammlung mit Notizen, Vorlesungsnotizen und Skizzen, Skizzen von projizierten Büchern, Entwürfen von Manuskripten (veröffentlicht und unveröffentlicht), unveröffentlichten Papieren und veröffentlichten Artikeln von Karl Polanyi sowie Papieren von anderen Autoren.

Die Sammlung umfasst auch Polanyis lebenslange Korrespondenz mit wichtigen Intellektuellen, politischen Persönlichkeiten, Studenten, Kollegen, Familienangehörigen und Freunden. Das Material ist Ungarisch, Deutsch und Englisch. Das Institut kann auch besucht werden (Anmeldung erforderlich).
www.concordia.ca/research/polanyi.html

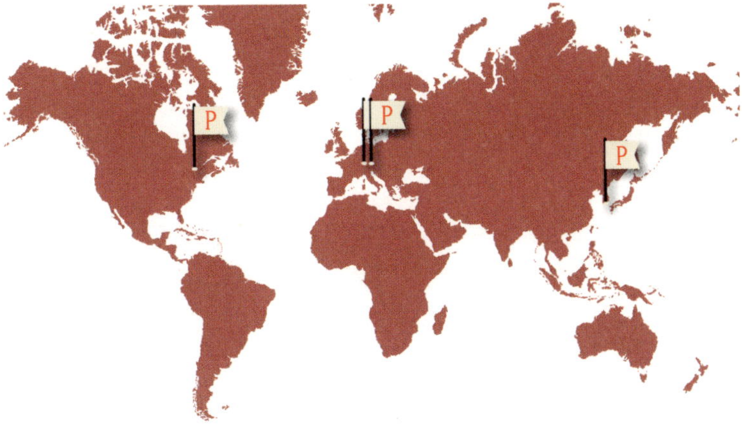

WIEN

Am 8. Mai 2018 wurde in Wien die Internationale Karl-Polanyi-Gesellschaft (International Karl Polanyi Society – IKPS) in der Arbeiterkammer Wien gegründet.

Die IKPS ist am Institute for Multi-Level Governance and Development der Wirtschaftsuniversität Wien angesiedelt. Das Institut ist Teil des Departments für Sozioökonomie, das ganz in der Tradition Polanyis an seinem Leitbild festhält, dass die Sozioökonomie daran erinnert, „dass Wirtschaft in Natur und Gesellschaft eingebettet ist". Doch die IKPS ist keine wissenschaftliche Vereinigung, sondern eine Wissensallianz, mit Mitgliedern aus Wissenschaft, Zivilgesellschaft und Verwaltung, aber auch mit interessierten und engagierten Einzelnen, die überzeugt sind, dass es eine gemeinsame Anstrengung braucht, die anstehenden Veränderungen friedlich und solidarisch zu gestalten und unser Wirtschaften dem Vorsorge- und Resilienzziel unterzuordnen (Auszug aus der ausführlichen Darstellung Seite 173).
Kontakt: ikps@wu.ac.at. Weitere Informationen: www.karlpolanyisociety.com

BUDAPEST

Seit 2017 gibt es an der Corvinus-Universität ein Karl Polanyi Center for Global Studies. Präsident ist der sechzigjährige Ökonom József Böröcz, Professor an der amerikanischen Rutgers University; diese ist auch, neben der Central European University, eine Partnerin des Budapester Polanyi-Zentrums.

Das Zentrum fördert vergleichende und interdisziplinäre Studien mit globaler Perspektive an der Schnittstelle von Ökonomie, Soziologie und internationalen Beziehungen und analysiert gleichzeitig globale und lokale Dynamiken und deren Vernetzung. Sein Ziel ist es, historisch gewachsene transnationale Verbindungen, anhaltende Ungleichheiten und Konflikte zwischen sozialen Gruppen, Gemeinschaften und verschiedenen Regionen der Welt zu hinterfragen.

Die Forscherinnen und Forscher wollen Fallstricke des Eurozentrismus vermeiden und jene tief verwurzelten Ideen aufdecken, mit denen Formen der Umverteilung und Ungleichheit gerechtfertig werden. Sie engagieren sich für zukunftsorientierte Studien in dem Sinne, dass sie über mögliche Alternativen zu herrschenden Regierungspraktiken sowohl auf lokaler als auch auf globaler Ebene nachdenken möchten.

Bei einem Marx-Symposium im Oktober 2018 referierten etwa Alexandra Kowalski, Andrea Komlosi und Gareth Dale.
polanyi.center@uni-corvinus.hu

SEOUL

Im November 2014 wurde die Gründung der Asien-Kooperative des Karl-Polanyi-Instituts (KPIA) zwischen der Stadtregierung von Seoul und der Concordia University vereinbart. Die Aufgabe des Karl-Polanyi-Instituts Asien ist es, den Einfluss der Arbeit von Karl Polanyi in ganz Asien zu erweitern und Dialog und Forschung über die Sozialwirtschaft in Korea und ganz Asien zu schaffen und zu fördern. Das Kooperativinstitut wurde am 24. April 2015 eröffnet; Dr. Alan Shepard, Präsident der Concordia University, und Prof. Kari Polanyi-Levitt nahmen an der Eröffnungsfeier ebenso teil wie der Bürgermeister von Seoul, Won Soon Park.

Dieser merkte bei der Eröffnung unter anderem an: „Es war Antonio Gramsci, der sagte: ‚Die Krise besteht gerade darin, dass das Alte stirbt und das Neue nicht geboren werden kann.‘ Jeder behauptet, wir seien in einer Krise. Doch das ‚Neue‘, durch das wir das ‚Alte‘ ersetzen oder verändern müssen, hat sich uns noch nicht gezeigt. Da ‚Krise‘ nur ein anderer Name für Chance ist, müssen wir diese Krise in einen ‚großen Übergang‘ zu einer neuen Gesellschaft und neuen Zivilisation verwandeln. Karl Polanyi motiviert uns, neue Ideen und ein neues Modell der gesellschaftlichen Entwicklung zu entwickeln …“
www.kpia.re.kr

V

Anhang

AUTORINNEN UND AUTOREN

BRIGITTE AULENBACHER ist Professorin für soziologische Theorie und Sozialanalysen. Ihre Arbeitsgebiete sind Gesellschafts- und Kapitalismusanalyse, Arbeits-, Care- und Geschlechterforschung sowie öffentliche Soziologie.

RICHARD BÄRNTHALER arbeitet am Institut für Multi-Level Governance and Development (WU Wien) und am Institut für Internationale Entwicklung (Universität Wien).

KARINA BECKER ist wissenschaftliche Geschäftsführerin am Kolleg „Postwachstumsgesellschaften" der Friedrich-Schiller-Universität Jena. Gerade erschienen: Becker, Karina/Dörre, Klaus/Reif-Spirek, Peter (2018): Arbeiterbewegung von rechts? Ungleichheit – Verteilungskämpfe – populistische Revolte. Frankfurt am Main, New York: Campus.

SOPHIE BOSE ist wissenschaftliche Mitarbeiterin am Kolleg „Postwachstumsgesellschaften" der Friedrich-Schiller-Universität Jena.

MICHAEL BRIE, geboren 1954, Prof. Dr. habil., Sozialphilosoph, wissenschaftlicher Referent am Institut für Gesellschaftsanalyse der Rosa-Luxemburg-Stiftung für Geschichte und Theorie sozialistischer Transformation, Mitglied im wissenschaftlichen Beirat von Attac und im Kuratorium des Instituts Solidarische Moderne sowie der Leibniz-Sozietät.

MICHAEL BURAWOY, geboren 1947, Soziologe, war Präsident zuerst der American, dann der International Sociological Association, wo er einer öffentlichen Soziologie den Weg bereitet hat. Er lehrt an der University of California in Berkeley.

MICHELE CANGIANI ist emeritierter a.o. Prof. für Soziologie an der Università Ca' Foscari in Venedig, Mitglied des Board of Directors, Polanyi Institute Montreal. Zahlreiche Bücher, auch über Karl Polanyi.

GARETH DALE lehrt an der Brunel University in London. Er ist Autor von Büchern über Karl Polanyi, die DDR und Osteuropa, EU-Migration und „grünes Wachstum".

FABIENNE DÉCIEUX ist Doktorandin und wissenschaftliche Mitarbeiterin am Institut für Soziologie an der Johannes-Kepler-Universität Linz.

VERONIKA HEIMERL arbeitet am Institut für Multi-Level Governance and Development und am Institut für Wirtschaftsgeografie der WU Wien.

VERONIKA HELFERT Assistentin am Institut für Geschichte der Uni Wien. Vorstandsmitglied von fernetzt, Netzwerk Frauen- und Geschlechtergeschichte.

CHRISTIAN LEITNER ist Student und Forschungsassistent am Institut für Soziologie/Abteilung für Gesellschaftstheorie und Sozialanalysen an der Johannes-Kepler-Universität Linz.

SABINE LICHTENBERGER ist Historikerin und Mitarbeiterin am Institut für AK- und Gewerkschaftsgeschichte in der Arbeiterkammer Wien.

MICHAEL MESCH ist Volkswirt und Wirtschafts- und Sozialhistoriker in der Abteilung Wirtschaftswissenschaft der Arbeiterkammer Wien.

MARKUS MARTERBAUER leitet die wirtschaftswissenschaftliche Abteilung in der AK Wien.

ANDREAS NOVY ist Vorstand des Instituts Multi-Level Governance and Development und Präsident der Internationalen Karl-Polanyi-Gesellschaft.

PETER ROSNER, geboren 1948, war Professor am Institut für Volkswirtschaftslehre an der Universität Wien. Publikationen zur Sozialpolitik und Geschichte ökonomischer Theorie.

ELISABETH SPRINGLER ist Ökonomin und Studiengangsleiterin an der FH des bfi Wien für den BA und MA Studiengang Europäische Wirtschaft und Unternehmensführung. Davor war sie Universitätsassistentin an der Wirtschaftsuniversität Wien, Marshallplan Chair an der Universität von New Orleans, Louisiana, und in der volkswirtschaftlichen Analyseabteilung der Österreichischen Nationalbank. Derzeit ist sie auch Mitglied im Österreichischen Fiskalrat sowie im Finanzmarktstabilitätsgremium.

CLAUS THOMASBERGER ist emeritierter Volkswirt an der Hochschule für Technik und Wirtschaft Berlin und hat über das Werk Karl Polanyis publiziert

ARMIN THURNHER ist Herausgeber und Chefredakteur der Wiener Wochenzeitung *Falter.*

FRANZ TÖDTLING arbeitet am Institut für Multi-Level Governance and Development der Wirtschaftsuniversität Wien.

HANS-JÜRGEN URBAN ist seit 2007 geschäftsführendes Vorstandsmitglied der IG Metall in Frankfurt a.M. Seit seiner Habilitation 2014 in Soziologie ist er Privatdozent an der Friedrich-Schiller-Universität Jena und seit Oktober 2015 Permanent Fellow am Kolleg der Deutschen Forschungsgemeinschaft (DFG) „Postwachstumsgesellschaften" der Universität Jena.

MARKUS WISSEN ist Professor für Gesellschaftswissenschaften, insbesondere sozial-ökologische Transformationsprozesse an der Hochschule für Wirtschaft und Recht, Berlin. Mit Ulrich Brand schrieb er das Buch „Imperiale Lebensweise. Zur Ausbeutung von Mensch und Natur im globalen Kapitalismus".